QUELQUES VUES

SUR

LE CONSEIL D'ÉTAT,

CONSIDÉRÉ

DANS SES RAPPORTS AVEC LE SYSTÈME

DE NOTRE RÉGIME CONSTITUTIONNEL.

Par M. le baron LOCRÉ,

Secrétaire général du Conseil d'État sous le Consulat, sous l'Empire et pendant les cent jours, Officier de l'Ordre royal de la Légion d'Honneur, auteur de l'*Esprit du Code Civil*, de l'*Esprit du Code de Commerce*, de l'*Esprit du Code de Procédure civile*, etc., etc.

Prix : 2 *francs*.

A PARIS,

CHEZ GOSSELIN, LIBRAIRE,

PALAIS-ROYAL, GALERIE D'ORLÉANS, N° 8;

ET CHEZ TOUS LES MARCHANDS DE NOUVEAUTÉS.

1831.

QUELQUES VUES

SUR

LE CONSEIL D'ÉTAT.

TABLE DES MATIÈRES.

FIN DE LA TABLE DES MATIÈRES.

QUELQUES VUES

LE CONSEIL D'ÉTAT,

CONSIDÉRÉ DANS SES RAPPORTS AVEC LE SYSTÈME DE NOTRE RÉGIME CONSTITUTIONNEL. (1)

LE Conseil d'État a été et sera toujours un instrument très utile, j'oserais même dire un instrument nécessaire, dans la main du gouvernement, si, abandonnant sans réserve la constitution fausse et mes-

---

(1) *Nota.* Ce petit écrit n'était pas destiné à voir le jour. Je l'ai composé sur l'invitation de personnes qui, se rappelant la part que j'ai eue à tous les réglemens intervenus sur le Conseil d'État depuis 1799 jusqu'en 1814, et que dans tout cet intervalle je l'avais suivi dans sa marche, ont désiré connaître mon opinion sur la manière de le constituer sous notre régime actuel. Il ne m'était point permis de leur opposer un refus, mais je n'avais écrit que pour elles. Cependant, afin que mon ouvrage fût connu de tous ceux de qui il devait l'être, il a fallu en tirer plusieurs copies, et il y a lieu de craindre que ces copies, étant recopiées à leur tour, mon travail ne soit altéré dans ces transcriptions successives. Cette considération m'a déterminé à le livrer au public. D'ailleurs dans un gouvernement de franchise comme le nôtre, l'opinion publique ne doit être étrangère à rien.

1

quine que la restauration lui a donnée, on le ramène à l'esprit de son institution, à la fin pour laquelle il a été créé. Le cours des années et les mutations successives des hommes et des choses en ont tellement fait perdre la tradition et effacé le souvenir, qu'on en est venu au point de le dépouiller de son attribut essentiel et principal, pour le réduire à des fonctions qui n'étaient considérées et ne doivent jamais l'être, que comme secondaires et purement accessoires. Mais si au contraire on persistait dans ce vicieux système, produit de la confusion des idées, autant vaudrait supprimer le Conseil, car ce ne serait plus qu'une institution fastueusement parasite, de laquelle on pourrait facilement se passer.

Qu'on ne croie pas cependant que je propose de rétablir le Conseil d'État tel qu'il a existé sous le consulat et sous l'empire.

Cette absurde pensée est bien loin de moi. Assurément le Conseil de ces époques ne serait pas en harmonie avec notre organisation politique d'aujourd'hui. Alors, en effet, le gouvernement était concentré dans la personne du chef de l'État : les ministres n'étaient que ses commis. Uniquement chargés de procurer l'exécution des lois et des réglemens (1), ils n'avaient, chacun dans la sphère de son activité, qu'une administration particulière, et ne participaient en rien au gouvernement général

____

(1) Article 54 de la Constitution de l'an VIII.

du pays. Ils ne formaient point un ministère collectif; le ministre de la marine ne délibérait point
avec le ministre de la justice, ni celui des finances
avec celui de la guerre ou de l'intérieur sur les
affaires de leurs départemens respectifs; encore
moins délibéraient-ils entre eux sur les hautes
affaires de l'État, sur la guerre et sur la paix, sur les
traités d'alliance et de commerce, sur l'organisation
politique, etc. Les constitutions de l'État renvoyaient
toutes ces matières à des conseils privés et spéciaux
avec lesquels le chef du gouvernement en délibérait.

Dans cet ordre de choses, le Conseil d'État ne
pouvait être que dans la main du Premier Consul
ou de l'Empereur; comme tous les autres ressorts
de la machine gouvernante, il ne devait recevoir
que de lui son impulsion, et n'aboutir qu'à lui; il
ne pouvait pas dépendre des ministres, et était au
contraire leur contradicteur, placé qu'il se trouvait
entre eux et le souverain, pour éclairer celui-ci sur
les propositions qu'ils lui faisaient.

A présent il n'en saurait être de même. Ce n'est
plus des ministres que nous avons, c'est un ministère; un ministère collectif et solidaire, qui, sous
l'autorité, les ordres et la direction du Roi, conduit
toutes les affaires de la France, et participe ainsi au
gouvernement général du royaume. Entre les ministres et le souverain, aucun intermédiaire n'est
désormais possible. Il faut que tous les instrumens
avec lesquels le pays est gouverné, soient direc-

tement à la disposition des ministres, et le Conseil d'État par conséquent.

Mais ce changement, apporté dans le mode du gouvernement, loin d'obliger à changer la nature et la destination primitive du Conseil d'État, oblige plutôt à les maintenir, comme je le prouverai en son lieu (1). Il ne faut qu'en déplacer la direction. Si on la transporte au ministère, le Conseil peut avoir les mêmes attributions que sous le Premier Consul et sous l'Empereur; il peut rendre les mêmes services, et cependant être parfaitement en harmonie avec notre système constitutionnel.

Ces notions générales ont besoin d'être développées.

Je dirai donc à quelle fin le Conseil a été créé; je définirai, je distinguerai, je caractériserai ses diverses attributions, et je rappellerai la manière dont il les exerçait sous le consulat et sous l'empire.

J'examinerai comment la restauration l'a constitué ou plutôt l'a dénaturé.

Je présenterai mes idées sur ce que je pense qu'il doit être maintenant.

____

(1) Voyez page 16 et suiv.

PREMIÈRE PARTIE.

DANS QUEL ESPRIT ET A QUELLE FIN LE CONSEIL D'ÉTAT A ÉTÉ CRÉÉ. — SON CONCOURS *NÉCESSAIRE* A LA CONFECTION DES LOIS ET DES RÉGLEMENS D'ADMINISTRATION PUBLIQUE EST SON ATTRIBUT ESSENTIEL, ET NE PEUT LUI ÊTRE ÔTÉ SANS LE DÉPOUILLER DE SON VÉRITABLE CARACTÈRE, DE CELUI DE *CONSEIL DU GOUVERNEMENT*. SES AUTRES ATTRIBUTIONS NE SONT QUE SECONDAIRES ET PUREMENT ACCESSOIRES. — DE QUELLE MANIÈRE IL EXERÇAIT CES DEUX SORTES D'ATTRIBUTIONS SOUS LE CONSULAT ET SOUS L'EMPIRE.

Ce n'est certainement point pour autoriser l'établissement d'usines, de ponts, de sociétés anonymes, pour statuer sur des conflits, sur des mises en jugement, sur l'appel des décisions rendues par des conseils de préfecture, même pour vérifier des bulles et prononcer sur les appels comme d'abus, qu'on s'est avisé de former un Conseil d'État. Toutes ces affaires s'expédiaient avant qu'il existât, et pouvaient dès-lors s'expédier encore sans lui. Ce ne sont donc là que des fonctions accessoires et secondaires; car on n'a pas établi le Conseil pour les lui donner, mais on les lui a données parce qu'on l'a trouvé établi dans des vues beaucoup plus larges et pour une fin d'un bien plus haut intérêt.

Le véritable objet de l'institution du Conseil d'État a été de placer auprès du gouvernement, pour

l'aider dans son concours à l'exercice de la puissance
législative, ainsi que dans celui de son pouvoir réglémentaire, et pour donner à la nation la garantie
qu'on ne lui proposera, dans la personne de ses re-
présentans, que des lois élaborées par la sagesse, un
corps de magistrats éminemment doués du génie
législatif, formés par de profondes études et une
longue expérience à la difficile science de la législation, tels que nous avons vu les Tronchet, les
Treilhard, les Portalis, les Cambacérès, les Merlin,
les Berlier, les Maleville, les Bigot-Préameneu, etc.
Enfin, l'esprit de cette institution est tout entier
dans cette disposition de l'article 52 de la Constitution de l'an VIII (1799) : *Sous la direction des consuls, le Conseil d'État est chargé de rédiger les
projets de loi et les réglemens d'administration publique,* qui sont aussi des lois générales et en ont la
force toutes les fois que la puissance exécutrice ne
dépasse pas les bornes de son pouvoir constitutionnel.

Ce n'est pas que cette disposition associât le Conseil à la puissance et à l'action du gouvernement.
Elle ne l'autorisait point à provoquer la loi : une
telle provocation n'appartenait qu'aux ministres.
Ce n'est pas non plus que les délibérations du
Conseil liassent le chef de l'État : les mots *sous la
direction des consuls* excluaient cette fausse idée;
ils avaient ces deux effets que le Conseil ne pouvait
s'occuper que des objets dont le Premier Consul ou
l'Empereur lui ordonnait spécialement de délibérer,

et de le réduire à n'arrêter que de simples projets que le Premier Consul ou l'Empereur pouvait mettre au néant, changer, modifier à son gré, et qui n'avaient de force que lorsqu'il jugeait à propos de se les approprier en leur imprimant le sceau de son autorité. Seulement l'article de la Constitution ne lui permettait, ni de présenter une loi, ni de publier un réglement d'administration publique sans les avoir fait délibérer au Conseil. De là cette formule des réglemens et des décrets : *Le Conseil d'État entendu.* Elle exprimait, d'une part, que le chef du gouvernement avait satisfait à l'obligation d'entendre le Conseil; de l'autre, qu'il n'était obligé que de l'entendre. On ne l'employait point dans les projets de loi, parce que l'article 53 de la Constitution exigeant que les orateurs qui les présenteraient au Corps Législatif fussent pris dans le Conseil d'État, il résultait de cela même que le Conseil d'État les avait délibérés.

La rédaction des projets de loi et de réglemens d'administration publique, c'est-à-dire le concours à la législation proprement dite et à la législation réglémentaire, est donc tellement l'attribut essentiel et principal du Conseil d'État, tellement dans l'esprit de son institution, que, dès qu'on le lui ôte, on n'en fait plus qu'un expédieur d'affaires administratives, qu'un simulacre de Conseil d'État qui ne mérite point ce nom imposant. Ne serait-il pas absurde, je le répète, de réunir un grand nombre de magistrats, de les choisir, ainsi qu'ils doivent l'être, parmi les citoyens de la plus haute capacité comme législateurs et comme hommes d'État, s'ils ne doivent délibérer que sur les affaires minutieuses et de détail qui surgissent du mouvement de l'administration, et qui n'exigent pas tout cet appareil, ou pour les constituer juges du contentieux administratif? Ce ne sont là que des attributions accessoires et secondaires que jusquelà on avait placées, qu'on pouvait continuer de placer ailleurs, et qu'encore une fois, on n'a données au Conseil que parce qu'on l'a trouvé établi pour une destination beaucoup plus élevée, et parce qu'on a pensé qu'elles seraient bien entre ses mains.

Ces attributions accessoires et purement secondaires se divisaient en deux classes.

Les unes étaient générales et permanentes, en ce sens, que des lois et des décrets ayant force de loi, les avaient indéfiniment conférées au Conseil d'État.

Les autres n'étaient que spéciales, accidentelles, arbitraires, c'est-à-dire que le Conseil ne les avait que par le renvoi spécial que lui faisait spontanément le chef de l'État, des affaires particulières sur lesquelles il jugeait à propos de le consulter, et qui ne tombaient dans ses attributions que par la force de ce renvoi attributif.

L'énumération de ces attributions accidentelles serait impossible puisque, n'étant pas déterminées par des règles fixes et que dépendant de la seule volonté du chef du gouvernement, on ne saurait les prévoir.

Je ne m'engagerai pas non plus dans l'énumération exacte des attributions permanentes : les changemens survenus dans les circonstances et dans le système politique en ont beaucoup fait tomber, et plusieurs des autres sont d'une assez mince importance. Mais les quatre principales ont survécu à tous ces changemens, et il est d'autant plus nécessaire de s'y arrêter qu'on aura à décider si le Conseil doit les conserver ou s'il convient de les transporter ailleurs (1) : ce sont les conflits, les mises en jugement des agens administratifs, les appels comme d'abus et la vérification des bulles, le contentieux de l'administration.

Voici maintenant de quelle manière le Conseil exerçait ses attributions sous le consulat et sous l'empire.

Elles ne l'étaient que par le Conseil entier. Bien que le Conseil fût divisé en sections, ces fractions ne faisaient que préparer les projets ; ce n'était que dans l'assemblée générale des sections réunies que ces projets étaient définitivement arrêtés, non seulement lorsqu'ils devaient être proposés au Corps Législatif, comme projets de loi, ou devenir des réglemens d'administration publique, mais encore quand ils n'avaient pour objet que des affaires particulières, et même des décisions contentieuses ou des mises en jugement.

____

(1) Voyez ci-après, page 24.

Dans l'origine, les sections étaient au nombre de cinq, correspondant à cinq des sept ministères.

La première et la plus importante de toutes était celle de la législation civile et criminelle, attendu qu'elle était particulièrement et uniquement consacrée à l'attribution essentielle du Conseil, les autres ayant bien plus rarement occasion de préparer des lois générales, et s'occupant beaucoup plus d'affaires et d'objets de pure administration.

Il y avait ensuite une section de l'intérieur, qui embrassait aussi le commerce ; une des finances, une de la guerre, une de la marine.

On n'avait pas établi de section correspondante au ministère de la police : ce ministère, tout d'action et qui est forcé de se diriger par les circonstances, ne saurait l'être par des lois et des réglemens généraux. Dans les occasions, très rares, où il en a été besoin, on en a chargé la section de l'intérieur.

Le ministère des relations extérieures n'avait pas non plus, dans le Conseil, de section correspondante, parce que les affaires dont il se mêle doivent être traitées entre très peu de personnes, et se lient à un ordre de choses fort distinct du gouvernement intérieur de l'État. Toutefois, vers la fin de son règne, Napoléon a créé un office des relations extérieures, mais l'objet de cette institution n'a jamais été bien défini, et, quoiqu'il fût composé de membres du Conseil d'État, le Conseil ne s'est point aperçu de son existence.

En 1806, on ajouta, sous le titre de *Commission du contentieux*, une sixième section, à laquelle on attribua toutes les affaires contentieuses de l'administration, jusque-là dispersées dans les autres sections suivant leur nature et leur matière. On donna à cette section une forme particulière, qui la mit en quelque sorte hors du Conseil pour le travail préparatoire, mais on l'y rattacha sous le rapport du travail définitif, car ses projets devaient être arrêtés, comme ceux des autres sections, dans l'assemblée générale du Conseil, et présentés ensuite au chef du gouvernement.

Chacune des sections, à l'exception de celle du contentieux, qui fut placée sous le Grand-Juge ministre de la justice, était présidée et dirigée par un de ses membres que Napoléon désignait.

Cette présidence ne devait être qu'annuelle, et même seulement trimestrielle depuis l'établissement de la liste par laquelle le Premier Consul ou l'Empereur, réglait tous les trois mois le service du Conseil (1). Mais Napoléon, qui aimait à conserver les mêmes hommes dans les mêmes places, renommait toujours les mêmes présidens. Non pas assurément tous, mais du moins quelques uns d'eux, ont fort abusé de cette perennité. L'accès facile et perpétuel qu'elle leur procurait auprès de Napoléon, était devenu pour eux un moyen d'entrer plus avant dans sa confiance, et d'obtenir un crédit qui, les

____

(1) Voyez ci-après, section IV du chapitre II, page 85.

tirant du pair, leur donnait sur leurs collègues un ascendant par lequel ils se rendaient maîtres des affaires, et dont les ministres, qu'ils cherchaient à maîtriser aussi, ont eu plus d'une fois à se plaindre.

Tel était le Conseil d'État à l'époque où la restauration est survenue. Voyons ce qu'elle l'a fait.

SECONDE PARTIE.

LA RESTAURATION AVAIT DÉNATURÉ LE CONSEIL D'ÉTAT EN LE DÉPOUILLANT DE SON ATTRIBUTION ESSENTIELLE. — L'ORDONNANCE DU 5 OCTOBRE 1828, QUI LE RÉGIT ENCORE, LA LUI A, QUOIQUE IMPARFAITEMENT, RENDUE. — DÉFAUTS DE CETTE ORDONNANCE.

Quatre ordonnances ont successivement réglé cette matière :

Celle du 29 juin 1814,

Celle du 23 août 1815,

Celle du 26 août 1824,

Celle du 5 novembre 1828.

La première de ces ordonnances laissait au Conseil son attribution essentielle : il devait continuer à délibérer en assemblée générale les projets de loi et de réglemens d'administration publique, et ses fractions les préparer.

A l'égard des attributions secondaires, la même ordonnance les ôta à l'assemblée générale et les transféra sans réserve à ses fractions.

A cet effet, elle transforma les sections du Conseil en autant de comités. Chaque comité fut attaché au ministre de département auquel il correspondait; dirigé et présidé par lui ; constitué son conseil particulier; investi, pour les attributions secondaires, des fonctions que, sous le consulat et sous l'empire, remplissait l'assemblée générale; placé enfin, vis-à-vis de ce ministre, dans les mêmes rapports que le Conseil entier avait été vis-à-vis du Premier Consul et de l'Empereur. Il ne pouvait s'occuper que des affaires que le ministre lui renvoyait : il arrêtait définitivement les projets ; ses actes n'étaient que des projets qui ne liaient pas le ministre. Par une bizarrerie inexplicable et sur laquelle je reviendrai ailleurs, le comité contentieux fut seul excepté. Ses décisions continuèrent à n'être que de simples projets, qui étaient soumis à l'assemblée du Conseil et qui, n'en sortant encore que comme projets, ne recevaient leur force que par la sanction du Roi.

A cela près, ce changement fut heureux :

D'une part, il ramenait les choses au système du ministère collectif;

De l'autre, il réservait l'assemblée générale et solennelle du Conseil pour l'exercice de l'attribution essentielle qui seule lui convient, et la débarrassait de toutes ces affaires de détail qu'on y portait presque toujours inutilement; car la plupart des projets présentés par les sections, et qui formaient le petit ordre du jour, étaient adoptés de confiance et sur une simple lecture.

Enfin, il brisait l'influence des présidens de section.

L'ordonnance de 1815 maintint, relativement aux comités, ce que celle de 1814 avait établi. Mais, dénaturant tout-à-fait le Conseil d'État, elle lui enleva le concours à la confection des lois et des réglemens d'administration publique, et réduisit son assemblée générale à n'être plus qu'une simple juridiction, qu'un tribunal de justice administrative. A la vérité, le Conseil pouvait être convoqué sur la demande de l'un des ministres; mais ce n'était là qu'une réunion hypothétique, accidentelle, que la nécessité de faire délibérer le Conseil sur les projets de loi et de réglemens ne commandait pas, et dont, par conséquent, il serait difficile de déterminer précisément l'occasion. Dans le système des auteurs de cette ordonnance, le Conseil ne devait s'assembler nécessairement que pour arrêter les décisions préparées par le comité contentieux. C'était tellement là leur idée qu'ils supprimèrent, comme désormais inutile, la place de secrétaire général du Conseil, que j'occupais alors, et qu'ils décidèrent qu'il suffirait de faire tenir la plume par le secrétaire-greffier du comité contentieux, qu'on décora du titre de secrétaire du Conseil.

L'ordonnance de 1824, qui du reste ne s'occupe et encore assez ridiculement, que du personnel et de la distribution du service, ne se contenta pas de maintenir ce travestissement, cette annihilation du Conseil d'État; elle l'acheva en abolissant le comité de législation, lequel, ainsi que je l'ai déjà dit, était uniquement consacré à préparer et rédiger les projets de lois civiles et criminelles, et où, par cette raison, résidait éminemment l'attribution essentielle du Conseil.

L'ordonnance du 5 novembre 1828, qui est actuellement en vigueur, est venu enfin replacer le Conseil sur sa véritable base, en décidant, par son article 14, que *tout projet de loi ou d'ordonnance, portant règlement d'administration publique, qui aura été préparé par les comités du Conseil d'État, devra ensuite être délibéré en assemblée générale.*

Néanmoins, elle ne paraît pas compléter son système, ou plutôt elle semble le contredire, puisqu'elle ne rétablit point d'une manière formelle le comité de législation civile et criminelle, que l'ordonnance de 1815 avait fait disparaître (1), et qui est celui de tous d'où, comme je le disais tout à l'heure, doivent sortir le plus grand nombre de lois,

----

(1) Je n'ai point le secret de cette ordonnance de 1815 ; mais j'ai entendu dire que l'intention de ses auteurs avait été de fondre le comité de législation dans le comité contentieux, et qu'en effet on avait détaché du comité contentieux deux ou trois membres pour en former une espèce de section législative du même comité, à laquelle on n'a jamais donné rien à faire. C'était, assurément, une idée plus qu'extraordinaire. Qu'est-ce que la décision de contestations administratives, dont beaucoup ne sont que d'intérêt privé, d'un mince intérêt, ne se liant que d'une manière très éloignée à l'intérêt de l'État, et qui, loin d'élargir l'esprit, ne font que le rétrécir

les lois les plus universelles, les lois les plus importantes. Elle ne forme, en effet, que quatre comités:
un de la justice et du contentieux, un de la guerre
et de la marine, un de l'intérieur et du commerce,
un des finances.

Peut-être le rédacteur de cette ordonnance a-t-il
réfléchi que le garde des sceaux ministre de la justice avait tout à la fois la provocation des lois civiles et criminelles, et la direction du comité contentieux , et a-t-il eu l'intention d'envelopper les
deux attributions du ministre dans la dénomination
de comité de justice et du contentieux, en prenant
les mots *comité de justice* pour synonymes de *comité
de législation*. Mais la rédaction ne répond point à
l'intention , car elle ne parle que d'un seul comité,
qu'elle appelle cumulativement de justice et du contentieux; en sorte qu'en se tenant à la lettre, la fu-
sion opérée par l'ordonnance de 1824 subsisterait
toujours.

Cette sage ordonnance de 1828 contient au surplus plusieurs dispositions de détail qu'on fera bien
de recueillir; mais il en est aussi que son auteur
n'a évidemment accordées qu'aux exigences de
l'époque où elle a été faite, et qu'il faudra, soit

---

en le traînant sur de misérables détails ; qu'est-ce qu'un tel
travail a de commun avec les hautes conceptions du génie qui
enfante les sublimes théories de la législation ? Est-ce avec
un comité du contentieux qu'on aurait fait le Code Civil ?
Est-ce avec ce comité qu'on réviserait notre législation criminelle ?

écarter soit modifier. Ce n'est pas ici le lieu de faire ce triage.

Telles sont les variations par lesquelles le Conseil d'État a passé depuis la restauration.

Le moment est arrivé de faire cesser cet état de désorganisation dans lequel ont plongé le Conseil d'État, des hommes qui ne l'ont pas compris, et de le rendre à l'esprit de son institution, en le combinant avec celui de notre gouvernement constitutionnel.

C'est sur quoi je me hasarderai à présenter quelques idées.

TROISIÈME PARTIE.

CE QUE LE CONSEIL D'ÉTAT DOIT ÊTRE DANS LE SYSTÈME DE NOTRE GOUVERNEMENT ACTUEL.

Que doit faire le Conseil d'État?

Par qui doit-il le faire?

Comment doit-il le faire?

Je ramène tout ce que j'ai à dire à ces trois points. Ainsi,

Attributions du Conseil d'État,

Composition du Conseil d'État,

Organisation du Conseil d'État,

Voilà ce qui va m'occuper.

CHAPITRE PREMIER.

Attributions du Conseil d'État.

Reprenons la distinction qu'on a établie ailleurs

entre l'attribution essentielle du Conseil et ses attributions accessoires et secondaires.

§. Ier.

Notre régime constitutionnel, loin d'obliger à ôter au Conseil d'État le concours à la préparation des lois et des réglemens, qui forme son attribut et lui donne son vrai caractère de Conseil du gouvernement, oblige au contraire de le lui conserver.

Nous avons vu que l'ordonnance de 1815 et celle de 1824 ont méconnu à un tel point la nature du Conseil d'État, qu'elles n'ont pas craint de lui ôter son concours à la confection des lois et des réglemens d'administration publique, et de le dépouiller ainsi du caractère de conseil du gouvernement, qui est son caractère propre et essentiel, pour le réduire à ses fonctions purement accessoires et secondaires, en ne lui laissant que la décision du contentieux administratif, et que l'expédition des affaires particulières de l'administration.

Mais sur quelle raison se sont-elles fondées pour opérer ce changement?

Croirait-on que le préambule de l'ordonnance de 1815 a érigé ce bouleversement en dogme constitutionnel par la supposition que la discussion des projets de loi dans l'assemblée générale du Conseil ne se conciliait pas avec le caractère d'unité et de solidarité que le Roi entendait donner à son ministère? Quoi! parce que le ministère est un, collectif, solidaire, on sera obligé de présenter des lois et d'arrêter des réglemens à demi-digérés; et cette constitution du ministère fera obstacle à ce qu'on les mûrisse dans une assemblée composée de savans magistrats! Quand il s'agit de préparer les lois d'une grande nation, on ne peut jamais réunir trop de lumières.

Mais entrons plus avant dans la question.

Il s'agit de choisir entre le système des ordonnances de 1815 et 1824, et le système de l'ordonnance de 1828 sous laquelle on vit.

La question sera donc de savoir s'il est vrai que notre régime constitutionnel oblige d'ôter au Conseil d'État le concours à la confection des lois et des réglemens d'administration publique, et ne permet de lui laisser que la distribution de la justice administrative et l'expédition des affaires particulières de l'administration. En d'autres termes, laissera-t-on subsister le Conseil d'État, ou faut-il le supprimer? car, encore une fois, si on le dépouille de son attribut essentiel, il pourra distribuer la justice administrative, il pourra expédier les affaires particulières de l'administration, mais alors il sera tout autre chose que Conseil d'État, Conseil du gouvernement.

Deux motifs avaient déterminé à obliger le chef du gouvernement à faire délibérer le Conseil sur les projets de loi et de réglemens d'administration publique : on avait voulu, d'une part, donner un contre-poids moral à sa puissance, de l'autre empêcher que la précipitation et la légèreté ne s'emparassent de la confection des lois.

On sentira la force du premier de ces motifs, si l'on veut bien se rappeler comment la puissance législative était alors organisée. Le gouvernement proposait la loi. Il avait pour contradicteur le Tribunat, qui constituait une opposition légale. Entre eux était le Corps Législatif, qui, sans discuter et conservant le caractère silencieux du juge, prononçait comme jury national. Cependant, Napoléon sut affaiblir l'opposition du Tribunat, et, pour s'en débarrasser tout-à-fait, il finit par le supprimer; puis se rendit maître du Corps Législatif. Le Conseil d'État était donc la seule garantie qui restât à la nation contre la toute-puissance législative du chef du gouvernement, et quoique ce ne fût là qu'un contre-poids moral, puisque le Conseil n'avait que voix consultative et que Napoléon demeurait libre d'embrasser un système différent, néanmoins la discussion du Conseil d'État l'a souvent conduit à abandonner ses premières idées, et lui-même a presque toujours hésité à s'élever au-dessus d'observations sages et fortement motivées. Cela est tellement vrai que, lorsqu'il tenait fortement à une opinion, il employait dans la délibération toutes les ressources de son esprit pour la faire partager au Conseil.

Maintenant ce premier motif a perdu sa force; nous ne sommes plus sous le despotisme : les Chambres discutent et amendent librement les lois que le gouvernement leur propose.

Mais ce n'est pas une raison de leur en présenter qui ne soient pas élaborées avec le plus grand soin.

J'ai eu trop long-temps part à la confection des lois pour qu'il me soit permis d'ignorer que des amendemens ne sauraient raccommoder un projet assis sur de fausses bases, ou vicieux dans son ensemble et dans sa conception primitive.

La conception des lois est donc ce qui contribue le plus à donner aux lois le degré de perfection qu'il est permis à la faiblesse humaine d'atteindre.

Or ce ne sera pas de commissions passagèrement formées qu'on pourra l'attendre. Nous avons aussi eu des commissions pour la confection de nos codes, et des commissions composées des hommes les plus distingués; néanmoins leur premier jet a été retravaillé dans les sections du Conseil, et le travail des sections mûri de nouveau par la discussion du Conseil assemblé. Qu'on jette les yeux sur ces discussions, qu'en ce moment je publie dans leur entier pour en tirer le commentaire officiel des codes (1), qu'on s'attache particulièrement à celles d'où est sorti le Code civil, et l'on verra combien ce Code a gagné en passant successivement par toutes ces filières.

En général, les meilleures lois ne peuvent être que difficilement l'ouvrage d'hommes qui n'exercent qu'en passant cette espèce de sacerdoce politique. Il faut, pour s'en bien acquitter, l'exercer habituellement, y être perpétuellement voué, y consacrer in-

____

(1) Voyez la *Législation civile, commerciale et criminelle de la France.*

cessamment toutes les forces, toute l'application de son esprit. Tout se tient dans la législation, tout y a son motif. Si donc on ne possède pas cet ensemble, qu'on ne peut saisir qu'en n'en détournant pas un instant les yeux, on ne formera qu'une législation incohérente, décousue, souvent contradictoire, composée, pour ainsi parler, de pièces de rapport. Si l'on n'a pas les traditions, si l'on ne sait le motif, le but, l'esprit des dispositions législatives, au lieu de réformer, de perfectionner, on dégradera; s'abandonnant aux écarts de l'imagination et à l'esprit de système, sur de trompeuses apparences, on changera, on effacera des dispositions que de puissantes raisons qu'on ignore ont fait admettre, et l'on introduira dans les lois de séduisantes théories, dont des méditations profondes, qu'on ne connaît point, ont démontré l'illusion et déterminé le rejet; c'est ce qui n'est que trop souvent arrivé depuis quinze ans. (1)

---

(1) On conçoit que ce que je viens de dire ne s'applique point aux célèbres rédacteurs auxquels nous devons le projet originaire du Code Civil. Je ne parle que de ces commissions par lesquelles, depuis quinze ans, on s'est mis dans l'usage de remplacer le Conseil d'État. Ne valait-il pas mieux employer le Conseil d'État, toutefois en le composant d'une manière différente de celle qu'il l'a été à certaines époques. Car n'était-ce pas une dérision de placer dans le Comité de législation, tel qui de sa vie n'avait ouvert le Code Civil, et qui bien moins encore avait la plus légère idée de la science générale des lois ?

A ce motif général de concentrer la préparation des lois dans le Conseil d'État, s'en joignent d'autres qui naissent de notre organisation actuelle.

A présent l'initiative n'est plus exclusivement réservée au Roi; elle appartient également aux deux Chambres. De là suit que les rôles changent suivant que la loi est proposée par l'une ou l'autre des branches du pouvoir législatif. Si elle l'est par le Roi, le droit de discuter et d'adopter le projet est dévolu aux Chambres; si c'est par les Chambres, ce droit passe au Roi.

Dans ce dernier cas il y aurait plus que de l'inconvenance à ce que l'examen de la loi proposée n'eût pas lieu avec la même solennité, la même maturité, qu'est entouré dans les Chambres celui des lois que Sa Majesté leur propose.

Qui remplira cependant cette fonction, si ce n'est l'assemblée générale du Conseil d'État, sur le rapport du comité que la matière regarde? Le comité alors procède à l'examen préparatoire, propose les amendemens qu'il juge convenables, fait en un mot l'office des bureaux dans les Chambres; le Conseil réuni délibère sur ces propositions, et devient, relativement au Roi, ce que l'assemblée générale de chaque Chambre est relativement à ces Chambres mêmes. Des deux côtés la partie est égale; la dignité des Chambres est respectée par l'assurance qu'on accordera à leurs propositions l'attention qu'elles méritent; la nation sait que rien n'a été négligé pour lui donner de bonnes lois. Et si des amende-

mens sont proposés par les Chambres, aux projets
que le gouvernement leur présente, personne assurément ne peut mieux les apprécier que le Conseil
d'État, de qui ces projets sont l'ouvrage.

On demandera peut-être pourquoi tous ces exa-
mens ne seraient pas attribués au conseil des ministres.

C'est que cela est moralement impossible. Le
conseil des ministres, occupé du gouvernement et
de la haute administration du royaume, est dans
l'impuissance absolue de se livrer à ces longs et ab-
sorbans travaux. Aurait-il pu, comme nous avons
fait au précédent Conseil d'État, sacrifier cent deux
séances de six ou huit heures chacune à la confection du Code civil? Mais si le conseil des ministres
vient se mêler à l'assemblée générale du Conseil
d'État, il pourra du moins prendre part aux discussions des lois, qui, sans avoir l'étendue des
codes, offrent cependant un grand intérêt, et ne
laissent pas d'exiger un travail préparatoire considérable. Cette participation d'ailleurs pénétrerait le
conseil des ministres de l'esprit de la loi, et ceci
aurait un grand avantage. Je pense, en effet, que,
dans le système du ministère collectif, c'est dans le
conseil des ministres, et après avoir pris leur avis,
que le Roi doit décider en définitive s'il présentera
la loi, ou s'il adoptera, soit les amendemens que les
Chambres réclament, soit les projets qu'elles pro-
posent. Pour peu donc que le conseil des ministres,
ou quelques uns de ses membres, aient concouru à

la discussion des unes et des autres, il lui sera facile de donner son avis en pleine connaissance de cause, tandis que s'il a été étranger à ces discussions, il formera trop légèrement son opinion : elle sera toujours plus ou moins hasardée. Je désirerais même que, dans les discussions importantes, le Roi fît au Conseil d'État l'honneur de le présider. Il est facile de juger par les discussions du Code civil combien le génie de Napoléon a contribué au perfectionnement des lois. Louis-Philippe ne répandrait pas moins de lumières sur les délibérations.

A l'égard des réglemens d'administration publique, comme ce sont aussi des lois générales toutes les fois qu'ils émanent du pouvoir constitutionnel de la puissance exécutrice, ils n'exigent pas une préparation moins sérieuse que les lois portées par le Roi et les deux Chambres, lois auxquelles d'ailleurs ils se lient étroitement, puisqu'ils ne sont destinés qu'à en procurer l'exécution. La nation ne verrait donc qu'avec peine qu'ils n'eussent été forgés que d'une manière clandestine, et qu'on n'eût pas entouré leur confection d'un appareil assez solennel pour lui donner la garantie qu'ils ne seront pas inférieurs à ces lois.

Il ne me reste plus rien à dire sur la nécessité de maintenir le Conseil d'État dans son attribution principale et essentielle ; mais ce n'est pas une raison pour ne pas lui laisser des attributions accessoires et secondaires. Il y aura seulement un triage à faire entre les attributions de cette nature dont

il est actuellement investi. C'est ce dont je vais
m'occuper.

§. II.

*Quelles sont celles des attributions accessoires et secondaires
du Conseil qu'il est à propos de lui laisser, et celles qui
seront mieux placées ailleurs.*

On se rappelle que j'ai divisé en deux classes les
attributions accessoires et secondaires du Conseil
d'État : l'une, de celles qui sont générales et permanentes ; l'autre, de celles qui sont spéciales et purement arbitraires.

Il est évident que ces dernières doivent rester
au Conseil. On ne peut pas défendre à un ministre
de consulter son comité ou son conseil particulier
sur des affaires qu'il aurait été le maître d'expédier
sans prendre cette précaution.

La question ne porte donc que sur les quatre
attributions que j'ai indiquées (1), et que je vais
successivement reprendre.

§. III.

SUITE. *Des Conflits.*

Depuis la restauration, on n'a pas craint d'abuser
des conflits de la manière la plus scandaleuse et
même la plus absurde. Quoi, par exemple, de plus
ridicule que ce conflit qu'on a forcé le préfet de la
Seine à élever à l'occasion des papiers de Camba-

---

(1) Voyez ci-dessus, page 8.

cérès ? L'examen de ces papiers, qu'au surplus on n'avait pas le droit de faire puisque la dignité d'archichancelier ne donnait point de fonctions actives, et la distraction de ceux qui pouvaient intéresser l'État, ou plutôt éveiller les inquiétudes de Louis XVIII, ne se liaient assurément, sous aucun rapport, aux attributions d'un préfet, uniquement chargé d'une administration locale.

Les absolutistes aimaient beaucoup les conflits. Je leur ai entendu dire que c'était un excellent moyen de se débarrasser de la disposition constitutionnelle qui défend au gouvernement de distraire les citoyens de leurs juges naturels; une voie fort commode pour revenir, sans qu'il y parût, aux anciennes évocations. Cette manière d'interpréter la Charte, qui tenait aux déceptions habituelles de ces temps désastreux, et que, d'encore en encore, on est arrivé à étendre jusqu'à l'article 14, n'est heureusement plus de saison depuis que la Charte est devenue une vérité.

Pour arriver aux vrais principes de cette matière, il suffit de se demander ce que c'est qu'un conflit.

Rien autre chose qu'un réglement de juges entre l'autorité judiciaire et l'autorité administrative.

S'il existait une troisième autorité entre ces deux-là, on pourrait sans doute la prendre pour arbitre; mais il n'y a par-delà que le pouvoir législatif, et, outre qu'il n'est pas continuellement en action, on ne pourrait le faire intervenir sans rétablir la légis-

lation par rescrits, qui ne va à rien de moins qu'à
confondre et à cumuler dans les mêmes mains, la
puissance législative et la puissance judiciaire, à
disposer par une loi sur un homme ou sur un fait.
Dès-lors le conflit doit être nécessairement jugé par
l'une des deux parties contendantes; par les tribunaux ou par la haute administration.

La crainte que les parlemens n'entravassent la
marche des institutions nouvelles, avait déterminé
l'Assemblée Constituante à préférer l'administration.
Mais il y a long-temps que cette crainte est loin
de nous. Le pouvoir judiciaire a pris son aplomb;
il s'arrête avec un religieux scrupule aux limites
qui séparent ses attributions de celles des autres
pouvoirs; et ce qui s'est passé depuis la restauration, ce système des absolutistes dont je parlais tout
à l'heure, prouve au contraire que c'est contre
les entreprises de l'administration qu'il importe de
donner des garanties aux citoyens.

Dans cet état de choses, et puisqu'il faut inévitablement constituer l'une des parties contendantes
juge du conflit, que peut-on faire de mieux que de
transporter au pouvoir judiciaire la connaissance
de ces réglemens de juge?

Mais alors il faut placer cette attribution au som-
met du pouvoir judiciaire, et la confier à une autorité qui soit entièrement dégagée de cet intérêt
d'amour-propre, si naturel à quiconque participe
de loin ou de près à la puissance publique, d'étendre plutôt que de restreindre sa juridiction.

Cet inconvénient pourrait exister, si on donnait les conflits aux cours royales ; car il ne serait pas impossible que le désir de demeurer juge des affaires sur l'appel ne les portât, par sa pente naturelle et presque à leur insu, à renvoyer l'affaire aux tribunaux qui leur sont subordonnés ; et cet intérêt serait bien plus directement engagé, si le conflit n'était élevé qu'après le jugement de première instance.

Ces considérations me persuadent que c'est à la Cour de Cassation qu'il convient de déléguer le jugement des conflits. Elle ne saurait être mue par l'intérêt qui pourrait faire dévier les cours royales, et elle est déjà investie du pouvoir de prononcer sur les conflits qui s'élèvent entre ces cours.

Un autre abus qu'il sera également nécessaire de réprimer, est celui qui naît du droit qu'il a plu aux absolutistes d'accorder à l'administration d'engager le conflit, même après que la contestation est terminée par un arrêt, lorsque cet arrêt ne lui convient point.

Nous avons bien quelques exemples d'arrêts déclarés non avenus par le Conseil d'État impérial pour des motifs vrais et très graves, mais à peine en pourrait-on citer quatre ou cinq dans l'espace de quinze ans : on ne s'était pas encore avisé d'ériger ces écarts en système, ni de s'en faire une habitude. En tout cas, c'est là de l'absolutisme, de l'abus de la force. Pourquoi l'action de l'administration ne serait-elle pas soumise aux mêmes conditions que celle des citoyens? Il est de règle que l'exception d'incompétence *ratione materiæ* peut être invoquée en tout état de cause, pourvu que la contestation dure encore : mais quand elle est définitivement décidée par un arrêt ou par un jugement passé en force de chose jugée, cette incompétence n'est plus qu'un moyen de cassation.

Mais, va-t-on dire, l'administration peut-elle donc avoir l'œil sur tous les procès? Elle ne les connaît, la plupart du temps, que par l'arrêt qui les termine et au moment où l'on se met en devoir de l'exécuter.

A cela, plusieurs réponses :

D'abord il est expressément ordonné au juge de renvoyer d'office l'affaire quand il est incompétent *ratione materiæ,* et il le fait presque toujours lorsque l'affaire est administrative.

En second lieu, le ministère public est là pour requérir le renvoi;

Enfin, si ces deux garanties n'ont pas eu leur effet, le pourvoi en cassation est ouvert à l'autorité administrative.

§. IV.

Suite. *Des Mises en Jugement.*

C'est encore afin de mettre l'administration à l'abri de toute atteinte de la part du pouvoir judiciaire, que l'Assemblée Constituante a décidé que ses agens ne pourraient être poursuivis pour faits relatifs à leurs fonctions, sans que les poursuites eussent été préalablement autorisées par elle. Cette disposition a passé de la Constitution de 1791 dans celle de l'an III, et de cette dernière dans la Constitution de l'an VIII, dont elle forme l'article 75, qui est toujours en vigueur.

Elle est, à la vérité, moins nécessaire aujourd'hui sous le rapport qui l'a fait imaginer; les vexations du pouvoir judiciaire sont peu à craindre pour les agens de l'administration; mais elle l'est toujours sous un autre rapport encore plus important, sous celui de maintenir l'exacte division des deux pouvoirs. On conçoit, en effet, que les tribunaux ne pourraient juger si un administrateur s'est écarté de ses devoirs dans l'exercice de son autorité et de ses fonctions, sans prononcer, ne fût-ce que médiatement, sur la légalité, sur le mérite des actes par lesquels on prétendrait qu'il s'en est écarté. Accordez-leur cette puissance, et aussitôt vous les constituez, du moins dans cette circonstance, contrôleurs, censeurs, arbitres des actes de l'administration; eux auxquels la loi défend de s'immiscer sous aucun prétexte dans ces affaires; eux auxquels, dès qu'ils y touchent, on les enlève par un conflit.

Toutefois, on a porté trop loin l'application de l'article 75. Ces mots vagues, *agens du gouvernement*, ont été interprétés et étendus de la manière la plus abusive. Qui croirait qu'on a essayé de comprendre jusqu'aux simples gardes champêtres dans cette dénomination indéfinie? Quoi! faudra-t-il qu'un citoyen, outragé, maltraité par un subalterne en fonction, vienne à Paris obtenir pour les tribunaux, la permission de lui rendre justice?

Je pense donc qu'il est indispensable de distinguer entre les administrateurs qui donnent des ordres généraux ou spéciaux, et leurs subordonnés qui les exécutent; de réserver pour les premiers la nécessité de l'autorisation donnée par l'autorité centrale, et de n'exiger pour les subalternes que celle du plus élevé des fonctionnaires de la localité.

Encore, à l'égard de ces derniers, mettrais-je une différence entre le délit commun commis dans l'exercice de leurs fonctions, et le fait répréhensible qui n'est que l'exercice même de la fonction.

Que, par exemple, un agent de police ayant le droit de faire des arrestations, se permette une arrestation arbitraire : ou il a un ordre spécial, ou il agit de sa propre autorité; dans le premier cas, l'article 114 du Code pénal détourne de lui la responsabilité pour la reporter sur le supérieur qui a donné l'ordre; dans le deuxième, ou si l'agent, en exécutant une arrestation légale, y mêlait des rigueurs que la loi interdit, et que la résistance et la rébellion n'ont pas commandées, il demeurerait seul responsable de l'abus qu'il a fait de ses fonctions; mais, parce qu'on rendrait trop timides les agens chargés de veiller au maintien du bon ordre et de la tranquillité publique, si on les exposait aux attaques malveillantes et au ressentiment de ceux qu'ils ont empêchés de le troubler, il est juste et utile de ne permettre les poursuites à ceux qui se prétendent lésés, qu'après qu'une autorité supérieure et impartiale aura reconnu qu'elles ne dégénéreront point en vexations et en tracasseries décourageantes. Cependant, il n'est pas besoin d'aller chercher cette autorité au centre de la France puisqu'on peut la trouver sur les lieux, et que l'assurance que cette autorité sera juste résulte de ce qu'elle deviendrait elle-même accusable si elle étouffait arbitrairement de justes plaintes.

Mais si l'agent prend occasion de l'exercice de ses fonctions pour molester un citoyen ; si, par exemple, en faisant sa tournée, au lieu d'avertir ceux qu'il croit en contravention, au lieu de dresser procès-verbal, même au lieu de les saisir, il les maltraite et fait la police à coups de bâton, je ne vois plus en lui un agent en fonctions, car ses fonctions se bornaient à constater le délit et tout au plus à s'emparer du délinquant ; je n'y vois qu'un homme qui en frappe un autre, et qui se soumet aux peines qu'emporte un tel délit. Il me semble donc que l'offensé doit pouvoir demander directement justice aux tribunaux, et que l'agresseur ne doit pas avoir la garantie qu'il ne saurait être fondé à réclamer que dans les cas où il a agi comme préposé de l'administration.

Voici donc en dernière analyse le système que je propose sur les mises en jugement :

Je laisserais à chacun la liberté de traduire de plein droit devant les tribunaux, les agens subalternes qui, bien qu'en exerçant leurs fonctions,

en seraient néanmoins sortis, et auraient ainsi dé-
pouillé leur caractère pour commettre un délit ;

J'exigerais, sauf le recours à l'autorité centrale
en cas de refus, l'autorisation du préfet pour poursuivre ces agens à raison de faits qui ne constitue-
raient pas le délit commun, et qui seraient vraiment
relatifs à leurs fonctions ;

Je réserverais la nécessité de prendre l'autorisation d'une autorité élevée et centrale pour les préfets, les sous-préfets, les maires, et je rangerais
dans la classe des subalternes tout ce qui est au-
dessous d'eux dans la hiérarchie administrative,
même les commissaires de police.

Au reste, je ne considère ici les fonctionnaires
que l'article 75 concerne, que comme agens du
gouvernement, et je ne les envisage pas dans la
qualité d'officiers de police judiciaire, que le Code
d'Instruction criminelle donne à plusieurs d'entre
eux, à commencer par les préfets : le même Code
détermine la manière de les mettre en jugement
pour les faits répréhensibles qu'ils se permettraient
dans cette qualité.

Mais quelle sera cette autorité centrale, de laquelle il faudra obtenir la permission de mettre en
jugement les préfets, les sous-préfets, les maires?

L'article 75 voulait que ce fût le Conseil d'État.

Jusqu'en 1814, ces sortes d'affaires étaient expé-
diées, comme les autres, par le Conseil en assemblée générale sur le rapport de l'une de ses sections.

Ce mode avait l'inconvénient de n'accorder pas assez à la défense. L'inculpé pouvait même ne pas être averti, et ne l'était jamais officiellement, qu'on demandait l'autorisation de le poursuivre. Il ne connaissait pas exactement les causes de la demande, et ne pouvait pas les détruire avec certitude. S'il fournissait des Mémoires, le Conseil ne les connaissait pas, et la section pouvait les négliger. L'assemblée générale prononçait presque toujours de confiance et sur une lecture rapide du projet de décision. On se déterminait par la nature du fait reproché au fonctionnaire, sans examiner s'il avait quelque apparence de fondement, et si la passion n'était pas le motif réel de la demande.

La restauration survint. On s'occupa du Conseil d'État pour le plier au système de cette époque. Frappé des inconvéniens qu'entraînait le mode actuel de statuer sur les demandes de mise en jugement, et considérant qu'au fond elles n'étaient qu'un procès entre le demandeur et le fonctionnaire contre lequel on les dirigeait, je proposai à M. le chancelier Dambray de les ranger dans la classe des affaires contentieuses, et de donner ainsi à l'inculpé la garantie des formes et toute la latitude pour sa défense. Ma proposition fut agréée, et devint une des dispositions de l'ordonnance du 29 juin 1814.

Les mêmes considérations me persuadent qu'il est juste de maintenir cette disposition; de laisser en conséquence les demandes de mise en jugement au nombre des affaires contentieuses, et d'en attri-

buer la connaissance à la Cour de justice administrative dont je parlerai dans un moment.

§. V.

SUITE. *De la vérification et enregistrement des Actes de la Cour
de Rome, ainsi que des autres Communions et Cultes. —
Appels comme d'abus.*

Ces deux choses ont cela de commun, qu'elles
tendent l'une et l'autre à prévoir et à réprimer les
entreprises et les écarts de la puissance spirituelle.

Autrefois, et quand la religion catholique était la
religion exclusive de la France, elle faisait partie de
nos institutions politiques, et, par une suite nécessaire, les lois canoniques avaient le caractère de lois
de l'État. De là résultait que, comme les autres lois,
l'enregistrement par le Parlement était nécessaire
pour les rendre exécutoires; et, avant de l'accorder,
le Parlement vérifiait si elles ne contenaient rien de
contraire aux libertés de l'Église gallicane, à la puissance royale, aux lois du royaume.

Les appels comme d'abus, qui étaient également
portés devant le Parlement, avaient pour objet d'empêcher la puissance spirituelle de s'écarter de ces
lois, ou d'envahir d'une manière quelconque le domaine de la puissance civile.

Maintenant qu'il n'existe plus de religion domi-
nante, que l'État n'est plus dans la Religion, mais la
Religion dans l'État; que tous les autres cultes sont
libres et obtiennent également la même protection;
que, par une conséquence forcée de ce système,

les lois qu'ils se donnent ne régissent que le for intérieur, la vérification et l'enregistrement cessent sans doute d'être nécessaires sous le premier des deux rapports qu'ils étaient exigés, c'est-à-dire pour juger si elles seront mises au nombre des lois de l'État; mais il l'est toujours sous le second et pour vérifier si ces lois ne contiennent point de dispositions impératives, prohibitives, permissives, qui contrarient les lois séculières, au nombre desquelles il faut mettre les lois organiques des divers cultes.

A l'égard des appels comme d'abus, ils ne peuvent pas non plus être admis comme recours contre la violation des lois ecclésiastiques, puisque, aux yeux de la puissance séculière, ce ne sont point des lois; mais ils doivent l'être encore contre les actes et les faits par lesquels les ministres des cultes troublent l'ordre public dans l'exercice de leurs fonctions, contre les mandemens et les discours séditieux ou diffamatoires, surtout contre les infractions aux lois qui organisent les cultes, contre les usurpations et les excès de pouvoir, etc., etc.

La loi du 18 germinal an x a mis la vérification des bulles et les appels comme d'abus dans les attributions du Conseil d'État.

Lui conservera-t-on cette double attribution?

Je pense qu'on peut lui laisser la vérification, bien entendu en assemblée générale et sur le rapport du comité de législation. Je ne vois pas même où, hors de là, elle serait bien placée. Si on la donnait aux cours royales, on s'exposerait à voir

la même bulle rejetée par les unes et adoptée par
les autres. On leur rendrait d'ailleurs, du moins en
cette partie, ce droit d'enregistrement qu'avaient
les parlemens, et peut-être qu'un jour elles pré-
tendraient l'exercer sur les ordonnances royales,
sous prétexte de vérifier si elles sont conformes aux
lois. On éviterait sans doute l'inconvénient de la
divergence, en transportant la vérification à la Cour
de Cassation, qui est une autorité unique et centrale ; mais on n'éviterait pas le second inconvénient, et il se pourrait même que les prétentions
d'une cour placée au premier degré de la hiérarchie
judiciaire, eussent plus d'intensité et de force que
celles de plusieurs cours, qui probablement ne s'ac-
corderaient pas pour les faire valoir. En général, il
est toujours dangereux de réveiller de tels souve-
nirs, de tirer le pouvoir judiciaire de ses fonctions
propres et naturelles, de l'associer à la haute police
de l'État. La sanction d'actes qui s'y rattachent ne
doit pas être donnée par des arrêts, mais réservée
à la puissance royale.

En conclurons-nous qu'il conviendrait d'attribuer la vérification au conseil des ministres, qui se
trouve placé si près de Sa Majesté ?

La vérification exige un travail préparatoire et
un examen minutieux auxquels le conseil des ministres ne se livrerait que difficilement; et d'ailleurs
l'enregistrement ne serait pas entouré d'assez de solennité, s'il était accordé sur l'avis d'un si petit
nombre de personnes.

La donnera-t-on aux Chambres?

Ce serait en quelque sorte rendre aux réglemens purement ecclésiastiques, leur ancien caractère de lois de l'État. D'ailleurs, comme la puissance séculière ne s'occupe plus maintenant de ces sortes d'actes qu'autant qu'ils intéressent l'ordre public et la police du royaume et que la haute police appartient au gouvernement, on associerait la puissance législative à l'une des attributions de la puissance gouvernante. Or, rien de plus important que de maintenir scrupuleusement la division des pouvoirs : elle est la base des libertés publiques.

Il me semble donc que le Conseil d'État doit conserver la vérification des bulles, ainsi que des actes de la même espèce de tous les autres cultes, et l'enregistrement après que, sur son avis, le Roi l'aurait autorisé par une ordonnance rendue en conseil des ministres.

Je n'en dis pas autant des appels comme d'abus. Cette matière est essentiellement judiciaire. Il ne s'agit en effet que de décider si des règles ont été enfreintes. Déjà le Titre Ier, Livre III, du Code pénal, renvoie les ministres des cultes devant la justice criminelle lorsque, dans l'exercice de leurs fonctions et par l'abus de leurs fonctions, ils se sont rendus coupables d'un crime ou d'un délit; pourquoi ne déférerait-on pas également à la justice civile la connaissance des abus ou des excès de pouvoir qui, sans avoir un caractère de criminalité, méritent cependant d'être redressés, comme seraient, par exemple, les infractions à la loi du 18 germinal?

Ce changement, depuis long-temps réclamé, ferait d'autant plus de plaisir, que, dans le système de la loi du 18 germinal, le recours contre les abus non qualifiés de crimes ou de délits, n'est ouvert directement, ni au ministère public, ni aux particuliers. Il faut d'abord présenter au ministre un mémoire détaillé et signé. Le ministre prend des renseignemens : il ne fait un rapport que lorsqu'il le juge convenable, et alors encore, bien qu'on reconnaisse qu'il y a excès ou abus de pouvoir, l'accès aux tribunaux n'est pas ouvert, car l'affaire peut être terminée administrativement.

Que Napoléon, qui, à l'époque du concordat, comptait se faire un auxiliaire du clergé, se soit ménagé les moyens de soustraire ses membres à l'action de la justice, on le conçoit. Mais on ne concevrait pas que maintenant le ministère public fût forcé de demeurer dans l'inaction en présence des plus révoltans abus, ni que le citoyen lésé ne pût obtenir justice qu'autant qu'il plairait au gouvernement de permettre aux tribunaux de la lui rendre.

<h3 style="text-align:center">§. VI.</h3>

Suite. *Du Contentieux de l'administration.*

J'arrive à celle des attributions secondaires et accessoires du Conseil à laquelle, depuis la restauration, on a donné une telle importance, qu'ainsi que je l'ai déjà observé, on en a fait l'attribution unique de l'assemblée générale.

Il paraît que plusieurs ouvrages ont été publiés sur cette matière. Je les aurais sans doute lus avec beaucoup d'intérêt, mais aucun ne m'est parvenu dans ma retraite, et la précipitation avec laquelle je suis forcé d'exécuter mon travail, ne me laisse pas le temps de les consulter. Je ne me propose donc pas d'examiner les diverses théories que probablement ils mettent en avant. Ce sera dans mes propres méditations, dans ce que j'ai vu, dans ce que j'ai fait moi-même, dans la nature des choses, que je puiserai mes idées.

Sachons d'abord ce qu'est cette juridiction à laquelle, depuis 1815, on a donné le nom de *justice administrative*, et attaché un si grand intérêt. Pour le découvrir, remontons à son origine, et voyons comment elle a été dévolue au Conseil d'État. Ces premières notions nous conduiront à discerner s'il convient de la lui laisser, et à savoir, dans le cas de la négative, à qui elle doit être confiée.

Avant la révolution, le jugement du contentieux, en matière administrative, appartenait à des magistrats, membres du Conseil du Roi et ordinairement maîtres des requêtes, qui étaient envoyés dans chaque province ou généralité, sous le titre d'intendans de justice, police et finances, et que les parlemens, qui avaient peine à reconnaître cette juridiction habituelle et extraordinaire, appelaient *commissaires départis*. Leurs ordonnances étaient sujettes à l'appel, et l'appel relevé au Conseil des parties, l'un des Conseils du Roi.

L'Assemblée Constituante supprima les intendans et les remplaça par les corps administratifs qu'elle créa. Elle donna à chaque département un directoire qu'elle chargea de l'administration, et un conseil général sous la surveillance et d'après les délibérations duquel le directoire administrait. Les départemens furent divisés en districts, et chaque district eut aussi son directoire et son conseil. Ce fut à ces directoires que la loi nouvelle attribua la décision de toutes les affaires que l'administration locale pouvait faire naître. Le directoire de district prononçait en premier ressort; le directoire de département était le juge d'appel; le ministre confirmait ou infirmait ses arrêtés. Le vice de ce système était que l'une des deux parties devenait juge dans sa propre cause.

Le même inconvénient se reproduisait dans les contestations qui dérivaient de l'administration générale de l'État : le ministre les décidait d'autorité et en dernier ressort.

Après l'établissement du Consulat, la loi du 28 pluviose, changeant dans son entier le système de l'administration, substitua les préfets aux directoires de départemens, les sous-préfets à ceux de district, et chargea du contentieux de l'administration locale des conseils de préfecture placés auprès des préfets.

L'interposition de ces conseils avait, il est vrai, l'avantage d'empêcher que les citoyens n'eussent pour juge l'administration active qui est leur adversaire, mais, d'un autre côté, ils étaient privés de l'un des degrés de juridiction qu'ils avaient lorsque l'affaire était successivement examinée, d'abord par le directoire de district et ensuite par celui de département. Afin de les leur rendre, on imagina de constituer le Conseil d'État juge d'appel des conseils de préfecture. (1)

On étendit également cette attribution aux décisions contentieuses que les ministres rendaient directement en matière d'administration générale, et l'on crut d'abord avoir opposé une barrière insurmontable au pouvoir absolu.

Cependant, après quelques années, on s'aperçut qu'on n'avait fait que substituer l'arbitraire à l'arbitraire. Les affaires contentieuses, en effet, étaient renvoyées aux sections respectives que leur matière concernait; les parties ne pouvaient se défendre qu'en donnant des mémoires, que la section, surchargée de beaucoup d'autres affaires d'une nature différente, n'avait pas toujours le temps d'examiner avec assez de soin ; l'assemblée générale du Conseil ne connaissait ces mémoires que quand les parties les faisaient imprimer et distribuer; il adoptait donc

---

(1) Quoique cette attribution lui ait été donnée par le réglement du 5 nivose de l'an viii, qui constitue le Conseil, et qui est antérieur de plusieurs décades à la publication de la loi du 28 pluviose, on savait cependant dès-lors quel serait le système de cette loi, et l'on y a par avance conformé cette disposition du réglement.

le plus souvent les projets que la section lui présentait, sans bien savoir l'affaire qu'il avait à juger, et sans que la section elle-même l'eût assez approfondie.

Pour remédier à ces inconvéniens, on imagina de centraliser les affaires contentieuses; d'y consacrer des magistrats qui n'eussent pas autre chose à faire, particulièrement les maîtres des requêtes, institués par des considérations entièrement politiques et sans qu'on fût bien fixé sur les travaux auxquels on les appliquerait; enfin d'organiser véritablement la défense : de là la commission du contentieux, qui, d'après l'ordonnance du 23 août 1815, de fraction très minime du Conseil d'État qu'elle était, est devenue le Conseil à elle seule.

Sous ce point de vue, ne considérant plus le Conseil que comme une juridiction, ne voyant dans les affaires sur lesquelles il prononçait que des contestations judiciaires, on s'est plaint de ce que, bien que le Conseil fût un tribunal, il n'avait cependant point l'organisation ni la marche qui conviennent à un tribunal et qui sont la garantie des citoyens. La justice, a-t-on dit, doit être rendue par des juges indépendans, et ils ne peuvent l'être réellement que lorsqu'ils sont hors de la main du gouvernement, tant par l'effet de leur inamovibilité que dans l'exercice de leurs fonctions. Or, les membres du Conseil n'ont point cette double indépendance. D'abord ils sont révocables, et ils doivent l'être : je le prouverai dans la suite. D'un autre côté, sans même parler de l'influence que le gouvernement ne peut manquer d'obtenir sur des fonctionnaires placés sous sa direction, les décisions du comité contentieux n'ont de force que par la sanction du prince, qui, par cela même, devient juge quand il la donne, quoique la justice ne doive jamais être rendue par lui, mais seulement en son nom, par les officiers qu'il institue.

On dit encore, puisque la justice administrative est de même nature que la justice purement civile quoiqu'elle ait un objet différent, pourquoi ces décisions clandestines arrêtées en bureau? Chez nous, la publicité est une garantie que notre système judiciaire assure aux justiciables, et dont ils ne doivent jamais être privés. (1)

Je ne vois pas par quels argumens on pourrait combattre ces puissantes considérations. Il fut sans doute un temps où la réponse n'aurait pas été embarrassante, mais sous un Roi citoyen, sous un Roi qui veut sincèrement la justice et la liberté, elles me paraissent déterminantes pour ôter au Conseil d'État sa juridiction, et le réduire à son véritable

---

(1) Je pourrais citer plus d'une affaire, même d'un haut intérêt, qui, ayant été mal saisie par le maître des requêtes rapporteur, a été par suite mal comprise par le comité contentieux, et tranchée par une décision où la véritable question n'a pas même été abordée. Cela ne serait pas arrivé si une plaidoirie contradictoire eût replacé l'affaire dans son vrai point de vue, développé tous les moyens et engagé un examen approfondi.

caractère, c'est-à-dire à être uniquement Conseil du gouvernement.

Mais alors se présente la question de savoir en quelles mains peut être mise cette juridiction administrative qui ne saurait convenir au Conseil d'État, et à laquelle il s'agit de donner les formes et la marche qui sont essentielles à une bonne administration de la justice.

Je ne vois de possible que l'un de ces trois partis :

Ou renvoyer le contentieux de l'administration aux tribunaux ordinaires;

Ou l'attribuer à la Cour de Cassation, soit en la laissant juger ces sortes d'affaires dans la même forme que les autres affaires de sa compétence, soit en formant une chambre particulière pour les juger;

Ou enfin créer une cour de justice administrative, qui ait son existence à part, et se détache, comme la cour des comptes, de tous les autres tribunaux.

Ce dernier système me paraît seul admissible. Si l'on attribuait le contentieux de l'administration aux tribunaux purement civils, on les forcerait d'appliquer un droit exceptionnel avec lequel ils ne sont pas familiarisés; de procéder dans des formes très différentes des leurs; enfin, et surtout, on les ferait sortir des limites dans lesquelles le grand principe de la division des pouvoirs les a fait renfermer.

En effet, quoique les principes fondamentaux du droit civil qui définissent et assurent l'état des personnes, la propriété et ses suites, l'exécution des engagemens, qui enfin règlent les rapports individuels de citoyen à citoyen, dominent toutes les affaires et doivent devenir les guides de tous les juges, il est certain néanmoins que, suivant la nature et l'espèce particulière des contestations auxquelles on les applique, ils sont susceptibles, dans leur applica‑ tion même, de modifications qui constituent un droit exceptionnel. Ainsi en est-il des affaires commerciales : on tuerait le commerce, si, sans avoir égard aux règles particulières que réclament son allure et la nature de ses transactions, on lui appliquait purement et simplement les dispositions du Code Civil. Il retombera sans doute sous le droit commun toutes les fois que son intérêt n'aura pas exigé que ce droit soit modifié, mais dans tous les cas où cette modification a été jugée nécessaire, il ne sera plus régi que par son droit exceptionnel, et voilà pourquoi, à côté du Code Civil, on a placé un Code de Commerce.

La justice administrative aussi a besoin d'un droit exceptionnel, car il lui faut souvent prononcer sur des contestations où se rencontre un conflit d'intérêts généraux et d'intérêts privés, qui sont régis, les premiers par le droit public, les seconds par le droit civil, et par conséquent par des prin- cipes différens et quelquefois en opposition.

Le droit public, destiné à former et à soutenir l'ordre social afin de donner à chacun la garantie des droits naturels de l'homme, garantie que nous sommes venus chercher dans l'association politique, ne peut atteindre ce but qu'en faisant constamment plier les intérêts individuels sous l'intérêt général; qu'en obligeant les citoyens à remplir l'engagement qu'ils ont pris, non seulement de ne rien faire de contraire à cet intérêt, mais encore de se résigner à tous les sacrifices qu'il peut exiger. C'est là leur mise sociale. C'est sous la condition de satisfaire à ce devoir, sous la condition d'armer le corps de l'État, par la réunion de leurs forces et de leurs moyens individuels, d'une puissance capable de les protéger, qu'il leur est permis de réclamer sa protection. De là les contributions d'hommes et d'argent, et une foule d'autres devoirs dont le détail me mènerait trop loin. Le principe de l'intérêt général prédominant est donc celui sur lequel repose le droit public.

Le droit civil, au contraire, destiné à régler, non plus les rapports, collectifs d'un côté, individuels de l'autre, que le pacte social établit entre l'État et chaque citoyen, mais uniquement à régir ceux que l'usage de la propriété forme entre les individus, ne connaît que l'intérêt privé, ne protége que l'intérêt privé, fait tout céder à cet intérêt.

Or, il arrive assez souvent que ces deux intérêts se heurtent, et cependant il faut tâcher de les concilier, et si on ne le peut pas, il faut décider lequel du principe de l'un ou de l'autre doit prévaloir. Par exemple, le droit civil défend de me dépouiller, malgré moi, de ma propriété, et, d'un autre côté, il se présente des circonstances où l'État en a besoin, et où dès-lors le droit public me force de la céder. Comment fera-t-on cesser le conflit? On jugera si la nécessité est réelle. L'est-elle, le droit public l'emportera : ne l'est-elle pas, ce sera le droit civil.

De tout cela résulte qu'on ne saurait se passer d'un droit exceptionnel, qui combine les principes du droit public et du droit privé, les modifie et les tempère les uns par les autres. On l'a si bien reconnu, qu'on a créé dans nos écoles, auprès des chaires de droit civil et commun, des chaires où l'on enseigne le droit exceptionnel de l'administration, comme on en avait précédemment établi pour enseigner le droit exceptionnel du commerce.

Ceci posé, les mêmes raisons qui ont fait instituer des tribunaux particuliers pour rendre la justice commerciale, doivent également en faire établir pour rendre la justice administrative. Celle-là aussi suppose des connaissances et surtout un tact, une expérience, des habitudes que les tribunaux ordinaires n'ont pas eu l'occasion d'acquérir. Si vous leur confiez cette justice, ils se trouveront malgré eux et à leur insu, entraînés vers les principes du droit civil, qu'ils appliquent continuellement; ils craindront d'en sortir; ils entreverront à peine la raison d'État; ils se feront presque scrupule de la suivre. Certes, un citoyen qui aura exercé pendant des années les fonctions de préfet, ou qui aura fait partie du comité contentieux, jugera mieux les affaires administratives que le plus savant magistrat des tribunaux ordinaires.

Je passe aux formes.

Celles que suivent les tribunaux ordinaires, et qui sont parfaitement appropriées à la nature des affaires qu'ils jugent, s'ajusteraient fort mal aux affaires administratives. Celles-ci ont besoin de formes simples et d'une marche plus rapide, même que les affaires sommaires, car l'administration, cette espèce de providence politique, doit agir incessamment; les autres, au contraire, exigent des formes plus compliquées, et qui, suivant l'expression de Montesquieu, font la garantie de la propriété.

Fera-t-on un code particulier de procédure pour les affaires administratives? Ce mélange de deux manières de procéder différentes brouillerait souvent, et conduirait à bien des méprises, à une foule d'erreurs, et un temps viendrait où le Code de Procédure, souvent invoqué pour remplir d'inévitables lacunes, finirait par absorber en partie celui des affaires administratives, peut-être par l'étouffer tout-à-fait. Quelle bigarrure d'ailleurs! Tantôt ce seraient des avoués qui postuleraient; tantôt les avocats actuels à la Cour de Cassation et aux conseils, car il ne serait pas juste d'ôter à ceux-ci des fonctions sur lesquelles ils ont dû compter en traitant de leurs charges, et il serait difficile de les transférer à des avoués, peu accoutumés à des formes simples; tantôt l'audience serait judiciaire, tantôt administrative.

J'ajoute à ces réflexions, qu'en investissant les

tribunaux ordinaires de cette justice administrative, on serait fort embarrassé de l'organiser.

La lui donnerait-on dès le premier degré? Alors il faut supprimer les conseils de préfecture, et substituer à une juridiction experte, exercée, dont le temps et l'expérience justifient l'utilité, des tribunaux pour qui ces matières sont nouvelles, et qui, dans plusieurs localités où ils ne sont composés que de trois juges, pas toujours fort éclairés, offrent bien moins de garantie.

Portera-t-on les premières décisions par appel devant les cours royales? Voilà la justice administrative éparpillée. Voilà une diversité de jurisprudence d'autant plus dangereuse dans ces matières, qu'elles sont régies bien plus par des usages et par des antécédens que par des règles positives. D'ailleurs l'appel ne se conçoit que pour les décisions des conseils de préfecture, et ces décisions ne sont pas tout le contentieux de l'administration; les arrêtés que prennent les ministres sur certaines affaires particulières en font aussi partie.

Je termine sur cette première question, par la plus importante des considérations qui militent contre l'attribution de la justice administrative aux tribunaux ordinaires. Celle-ci me paraît décisive. Je l'ai déjà laissé entrevoir à l'occasion des mises en jugement. Mais c'est ici le lieu de lui donner ses développemens.

L'Assemblée Constituante a très sagement élevé une barrière insurmontable entre le pouvoir judiciaire et le pouvoir administratif. Je dis que cette séparation est très sage, parce que la division des pouvoirs écarte le despotisme : il est inutile de répéter ce que Montesquieu a dit sur ce sujet. Les tribunaux sont donc obligés de s'arrêter dès que l'affaire qu'on leur présente touche à l'administration. Ils le font pour l'ordinaire, et les conflits ont été imaginés pour le cas où ils ne le feraient point. Or, du moment qu'on les appellerait à prononcer sur l'arrêté d'un préfet, et encore plus sur un de ces arrêtés d'un ministre contre lesquels il est permis de se pourvoir, on renverserait la barrière élevée par l'Assemblée Constituante; les pouvoirs seraient confondus; les juges, érigés en réformateurs des décisions administratives, deviendraient éminemment administrateurs, car l'administration ne pourrait plus statuer que d'après leur jurisprudence.

Cette considération tranche aussi la seconde question; celle de savoir s'il ne conviendrait pas de transmettre à la Cour de Cassation les attributions du comité contentieux. A la vérité on centraliserait la justice administrative, et l'on éviterait ainsi cette diversité de doctrine et de jurisprudence dont je parlais tout à l'heure. Mais on n'éviterait pas la violation du grand et salutaire principe de la division des pouvoirs, et même ici cette confusion aurait des suites d'autant plus dangereuses, que la justice administrative serait concentrée dans des mains plus fortes et dans une autorité plus élevée.

Il y aurait encore un autre inconvénient très

grave à saisir la même cour du contentieux administratif, celui de dénaturer son institution. Elle ne
peut et ne doit jamais être juge des affaires, mais l'être
seulement des arrêts; jamais prononcer dans l'intérêt particulier, mais dans l'intérêt de la loi; jamais
être tribunal d'appel, mais réformatrice des arrêts où
la loi a été méconnue. Quelque inique que soit un
arrêt, dès que la loi a été respectée, la Cour de
Cassation est obligée de le maintenir. Elle est tout
au contraire forcée de le casser s'il a fait prévaloir
l'équité sur la loi. Par une conséquence nécessaire de
ces principes, il lui est défendu de connaître du
fond des affaires, et quand elle casse, elle n'anéan-
tit que l'arrêt, et laisse le jugement de l'affaire à
une Cour royale. Quand elle confirme, elle décide
seulement que l'arrêt ne contrevient à aucune loi,
et le fond se trouve jugé par l'arrêt qu'on lui avait
déféré, non par le sien. Elle cesserait donc d'être
véritablement Cour de Cassation aussitôt que, sous
un rapport quelconque, vous en feriez une cour
d'appel. Et quel bouleversement si, ne se bornant
pas à faire porter devant elle les décisions émanées
des conseils de préfecture, on lui donnait, comme
il le faudrait nécessairement pour lui transmettre
en entier le contentieux de l'administration, le droit
d'annuler des arrêtés pris par les ministres!

Il est facile de sentir qu'on ne sauverait aucun
de ces inconvéniens en formant dans la Cour de
Cassation une section particulière pour les affaires
administratives : si cette section se décompose et se

recompose comme doivent faire les autres sections, par l'effet du roulement des membres entre eux, elle n'est que la Cour de Cassation fractionnée, et de la même nature que la section des requêtes, la section civile, la section criminelle. Elle ne cesserait donc d'être Cour de Cassation que dans le cas où ses membres deviendraient stationnaires, et où elle aurait une existence à part, qui n'en ferait plus que par son titre une division de la Cour de Cassation, et qui, dans la réalité, la mettrait tout-à-fait en dehors. Mais alors quelle raison de simuler que c'est à la Cour de Cassation que l'attribution est donnée? ou plutôt quelle inconvenance de feindre, qu'au mépris du caractère propre de la Cour de Cassation, on la tire de son institution naturelle! Ne vaut-il pas mieux, ne fût-ce que par respect pour le principe de cette institution, y aller plus franchement, et créer une cour de justice administrative avec laquelle la Cour de Cassation et les autres tribunaux n'aient rien de commun; qui, se rapprochant davantage dans son essence du système actuel, procure néanmoins aux citoyens la garantie que donnent l'inamovibilité des juges et la publicité des audiences; ne les soumet plus au jugement de leur partie adverse; fait que la justice administrative est, comme la justice ordinaire, rendue au nom du Roi, et non par le Roi lui-même?

Cette cour, émanation du Conseil d'État, ne doit rien perdre de sa dignité pour en être détachée et se trouver en dehors. Il faut donc que ses membres, quoique étrangers aux travaux du Conseil, quoiqu'à raison de leur inamovibilité ils forment une classe à part, aient néanmoins le titre, le rang, les prérogatives des membres du Conseil, et que, dans la hiérarchie des corps politiques, la Cour elle-même marche l'égale du Conseil entier.

Elle serait donc composée de conseillers d'État, auxquels appartiendrait la décision, et de maîtres des requêtes référendaires, qui examineraient les affaires, en feraient le rapport, auraient voix délibérative dans celles dont ils auraient été rapporteurs, et seulement voix consultative dans les autres. Le Roi lui nommerait un premier président, qui ne serait pas un des ministres, car il s'agit de la mettre entièrement hors de l'influence du gouvernement, et d'en faire une véritable cour judiciaire. On placerait auprès d'elle un procureur général, auquel on donnerait des maîtres des requêtes pour substituts. Elle aurait un greffier en chef. L'institution du ministère public serait ici d'autant plus nécessaire, que l'État, toujours partie en cause, a besoin d'un défenseur, et que ce rôle ne convient qu'à la partie publique.

On aura à prévoir le cas où la Cour de justice administrative excéderait sa compétence, celui où elle contreviendrait formellement à quelqu'une des lois qu'elle est obligée de suivre. Il serait en effet trop dangereux de lui laisser la facilité d'empiéter sur les tribunaux ordinaires, de ne pas rendre justice sous prétexte d'incompétence, de se jouer des règles. Et, puisqu'elle est une véritable juridiction, on ne peut se dispenser de donner aux citoyens qui plaident devant elle les garanties qui, dans les autres juridictions, les défendent de l'arbitraire. Ainsi nécessité d'organiser les déclinatoires pour cause d'incompétence, le réglement de juge, le recours en cassation.

Mais à quelle autorité donnera-t-on le pouvoir de statuer sur ces divers recours? Dans le cas particulier de la cassation, qui prononcera sur le fond de l'affaire?

Je ne verrais pas de difficulté à ouvrir ce triple recours devant la Cour de Cassation; car alors il ne s'agit que de décider si la juridiction administrative est le juge de la matière, ou si elle a contrevenu à quelque loi; le fond reste intact, et dès-lors on ne tombe pas dans l'inconvénient que j'ai précédemment signalé, de constituer l'autorité judiciaire le juge, et par conséquent le censeur et l'arbitre des actes du gouvernement et de l'administration : la division des pouvoirs est donc respectée.

Mais l'embarras est de savoir où, en cas de cassation, l'on renverrait le jugement du fond; la Cour de justice administrative, en effet, est une juridiction unique : aucun autre tribunal ne peut connaître des contestations sur lesquelles elle statue.

Il me semble qu'alors le Conseil d'État, dont la Cour de justice administrative est une émanation, doit tout à la fois redresser les erreurs de cette Cour en cassant son arrêt, et redevenir le juge de l'affaire;

que ses décisions ne doivent être soumises à aucun nouveau recours ultérieur; que la contestation doit s'arrêter là.

Cependant, puisque dans cette hypothèse particulière et plus grave, on est obligé de faire intervenir le Conseil d'État pour juger, d'abord l'infraction, ensuite la contestation même, pourquoi ne l'appellerait-on pas également pour statuer sur les déclinatoires et les réglemens de juge dont les conséquences sont bien moins sérieuses? Pourquoi diviser les recours entre lui et la Cour de Cassation? On simplifie infiniment le système en les lui attribuant tous sans exception, et les principes ne s'y opposent point.

Au surplus, ces recours seront rares et ne l'occuperont pas beaucoup. On ménagera encore plus le temps de son assemblée générale, si l'on donne à son comité de législation la fonction qu'à la Cour de Cassation, exerce la section des requêtes, en ne lui permettant pas néanmoins de l'étendre, comme fait cette section, au-delà de ses limites et de juger la contestation, et si, à ce moyen, l'on ne renvoie au Conseil assemblé que les pourvois qui font véritablement naître des doutes sur la légalité des arrêts.

Je me borne à ces vues très générales sur la composition et sur l'organisation de la Cour de justice administrative. Les détails et les développemens seront l'affaire de ceux qui rédigeront le projet de loi sur l'institution de cette Cour. La mienne se réduisait à en indiquer les bases.

Nous venons de voir ce que doit faire le Conseil d'État; voyons maintenant par qui il le doit faire, c'est-à-dire quelle doit être sa composition.

CHAPITRE II.

Composition du Conseil d'État.

La restauration a trouvé dans le Conseil d'État des conseillers, des maîtres des requêtes, des auditeurs, les uns et les autres en service ordinaire ou extraordinaire, quelques conseillers hors sections quoiqu'en service ordinaire, une liste renouvelée tous les trois mois, qui réglait pour ce laps de temps ces divers services. Ne se mettant pas en peine d'examiner ce que ces diverses institutions avaient d'utile ou de vicieux, ni de quelles améliorations elles étaient susceptibles, elle les a prises telles qu'elles étaient, et les a employées sans discernement.

Il s'agit de substituer à ses notions vagues et confuses des idées précises et claires.

Le premier pas à faire est sans doute de bien déterminer les élémens qui doivent entrer dans la formation du Conseil.

SECTION PREMIÈRE.

Quelles personnes doivent former le Conseil d'État, et quelles doivent y être leurs fonctions respectives.

L'ordonnance de 1824 composa le Conseil, des

princes du sang, des ministres, de conseillers d'État, de maîtres des requêtes, d'auditeurs.

Il est hors de doute que les princes du sang doivent avoir séance au Conseil d'État aussi-bien qu'ils l'ont à la Chambre des Pairs, lorsque le Roi les y autorise (1). Mais ce n'est pas comme membres du Conseil qu'ils doivent y paraître, c'est comme princes, et en vertu d'un droit inhérent à leur éminente dignité.

Les ministres aussi n'ont pas besoin de la qualité de conseiller. Cela était bon dans le système du consulat et de l'empire, où ils n'avaient aucune autorité sur le Conseil, et où plutôt le Conseil en avait sur eux en la manière que j'ai expliquée ailleurs (2). Mais à présent que le Conseil d'État n'est qu'un instrument dans leur main, ils ne peuvent plus entrer dans sa composition comme simples membres.

Les vrais et uniques élémens de cette composition ne sauraient donc être que les conseillers d'État, les maîtres des requêtes, les auditeurs.

Tous cependant n'en sont pas les élémens nécessaires. Les uns et les autres ne doivent pas y être de

______

(1) Napoléon avait placé dans la section de législation son frère Louis, alors engagé dans la carrière militaire, et que depuis il a fait roi de Hollande. Afin qu'il ne fût pas étranger à la science des lois, il le faisait assister à l'assemblée générale pour qu'il acquît des connaissances dans toutes les parties de l'administration publique.

(2) Voyez page 2.

la même manière. Il importe au contraire de bien définir, de bien distinguer les fonctions que leur donne leur destination respective, et d'empêcher qu'elles ne se confondent. Les erreurs de la restauration, en cette matière, ne viennent que de ce qu'elle n'est pas remontée à ces notions primordiales.

Ces réflexions conduisent à déterminer exactement la destination des conseillers d'État, des maîtres des requêtes, des auditeurs, et à indiquer les différences qui les distinguent.

§. Ier.

Les conseillers d'État sont les élémens nécessaires de la composition du Conseil. — Les maîtres des requêtes ne sont que des élémens utiles. — Il importe de rétablir les distinctions qui, d'après la nature de leur institution, existent entre leurs fonctions et celles des conseillers.

Pendant six années entières, depuis 1799 jusqu'en 1806, tous les travaux quelconques du Conseil n'ont été exécutés que par des conseillers d'État. Eux seuls le composaient, car si deux années après sa création on y a introduit des auditeurs, nous verrons bientôt que cette addition n'a altéré en rien la simplicité de sa constitution originaire.

Cependant c'est dans cette période de six ans qu'il a fait les plus grandes choses; qu'il a constitué l'ordre politique, l'ordre judiciaire, l'ordre administratif, le régime des finances; rédigé le Code Civil, etc., etc.

On aurait donc pu et on pourrait encore ne composer le Conseil que de conseillers d'État, sans craindre de le surcharger. Mais si l'on y place des maîtres des requêtes, du moins faut-il que ce ne soit que pour soulager les conseillers dans certains travaux purement préparatoires, et non pour les associer, comme a fait la restauration, à des fonctions qui ne doivent appartenir qu'à ces derniers.

Je n'ai garde de méconnaître les services que peuvent rendre les maîtres des requêtes, ni la capacité qu'ils supposent : mais il est pourtant certain qu'on attend des conseillers d'État des services plus éminens, et qu'on choisit ces magistrats parmi des citoyens doués d'une capacité encore plus haute et d'une expérience plus consommée. Si, sous ce double rapport, les uns et les autres étaient mis sur la même ligne, s'ils étaient destinés aux mêmes fonctions et qu'ils ne différassent que par le titre, à quoi bon en faire deux classes par une distinction dérisoire? ne mettons dans le Conseil que des conseillers d'État.

Il importe donc de rétablir des distinctions que la restauration a en grande partie détruites. On les saisira facilement si l'on remonte à l'origine des choses.

Très probablement le Conseil n'aurait jamais eu de maîtres des requêtes, sans la tendance de Napoléon à être empereur à la manière dont ceux qui s'étaient assis avant lui sur le trône avaient été rois. Il se souvint que le Conseil du Roi avait eu des maîtres des requêtes, c'en fut assez pour qu'il voulût en placer auprès du Conseil impérial. Ajoutez qu'il désirait aussi attacher à son gouvernement le plus de notabilités possible de tous les genres.

Les maîtres des requêtes furent donc créés par le décret du 11 juin 1806, simultanément avec la commission du contentieux, et à l'occasion de cette institution nouvelle, qu'ils étaient principalement destinés à composer.

On les répartit néanmoins entre les sections, on leur donna séance dans l'assemblée générale, on leur accorda voix consultative; mais ils n'eurent réellement de fonctions que relativement au contentieux; au-delà, ils ne faisaient pas même de rapport, ni dans l'assemblée générale, ni dans les sections, soit pour les affaires particulières, soit surtout en matière législative ou réglementaire. Ils ne paraissaient jamais devant le Corps Législatif.

Il est évident que si l'on se renfermait encore dans les mêmes limites, si l'on continuait à n'employer les maîtres des requêtes que pour le contentieux, il n'y aurait plus lieu d'en donner au Conseil d'État, puisque le Conseil ne se mêlera plus du contentieux; ce serait à la cour de justice administrative qu'il faudrait tous les renvoyer.

Mais il y a moyen de les employer utilement dans le Conseil, en les distinguant réellement des conseillers par la différence des fonctions. Il ne faut que les ramener à leur institution primitive, j'entends à celle de leur première création.

Ils furent originairement établis, ainsi que leur titre même l'annonce, pour recevoir les requêtes présentées ou adressées au Roi, et lui en faire le rapport dans son conseil. Ils instruisaient et rapportaient, mais ils ne concouraient pas à la décision; à l'exception du maître des requêtes rapporteur, les conseillers d'État avaient seuls voix délibérative.

On a depuis appliqué les maîtres des requêtes à d'autres services, on les a formés en juridiction, on en a fait des directeurs généraux, on a choisi parmi eux les intendans de province, mais toutes ces fonctions étaient hors du Conseil; dans le Conseil, ils n'avaient que celles que je viens d'indiquer; ils étaient rapporteurs des affaires particulières.

Le décret du 11 juin 1806 ne leur donna pas d'autre caractère, et même il resserra davantage celui qu'il leur donna; car il ne les constitua rapporteurs que pour les affaires contentieuses : ils préparaient les projets de décision dans la commission du contentieux où les auditeurs faisaient les rapports, et ils les rapportaient ensuite eux-mêmes dans l'assemblée générale du Conseil; mais jamais ils n'en firent sur aucun autre objet.

Mais l'ordonnance de 1815 vint tout brouiller, tout confondre, et néanmoins ne régla pas même tout.

On se rappelle qu'elle dépouilla l'assemblée générale du Conseil du caractère de conseil du gouvernement, en lui ôtant son concours, auparavant nécessaire, à la confection des lois et des réglemens

d'administration publique, et qu'elle la réduisit à
n'être qu'un tribunal de justice administrative, où se
discutaient et s'arrètaient les décisions que le comité
contentieux avaient préparées sur ces sortes d'affaires; qu'elle chargea les autres comités d'arrêter
définitivement les projets d'ordonnances sur les
affaires administratives non contentieuses de leur
département ministériel, et même de préparer et
d'arrêter aussi les projets de loi et de réglement
d'administration publique, les substituant, sous ce
dernier rapport, à l'assemblée générale, confondant
dans les mêmes mains la préparation et l'achève-
ment du travail, ôtant ainsi à la nation la garantie
des discussions solennelles qui jusque-là avaient
mûri dans l'assemblée générale, les projets préparés
dans les sections.

C'est à la suite de ces changemens que l'ordonnance de 1815 dénatura l'institution des maîtres
des requêtes. Elle ne les chargea invariablement
des rapports que dans le comité contentieux,
qu'elle composa de conseillers d'État, et voulut
que, dans l'assemblée générale, les rapports des
affaires contentieuses fussent faits par ces derniers,
laissant néanmoins au ministre la faculté de les confier à des maîtres des requêtes. Du reste, elle ne
s'expliqua pas sur le rapport des affaires dans les
autres comités. Elle ne dit pas qu'ils ne seraient
présentés que par des maîtres des requêtes, elle ne dit
pas non plus qu'ils seraient faits par des conseillers,
ou concurremment par les uns et par les autres.

L'ordonnance de 1828, qui est encore la loi de la matière, a rempli cette lacune, et fixé les fonctions respectives des conseillers d'État et des maîtres des requêtes.

Son article 15 contient à cet égard deux dispositions.

La première fait rapporter les projets de loi et de réglement d'administration publique, dans les comités, par les maîtres des requêtes, et dans l'assemblée générale, par les conseillers d'État.

La seconde porte que les rapports des affaires purement administratives seront faits, dans les comités, par les auditeurs, concurremment avec les maîtres des requêtes, et dans l'assemblée générale, par les maîtres des requêtes ou par les conseillers d'État, au choix du garde des sceaux.

La distinction que fait l'ordonnance entre les matières législatives ou réglémentaires, et les matières purement administratives, c'est-à-dire entre l'attribution principale et essentielle du Conseil d'État et ses attributions accessoires et secondaires, est dans la nature des choses, et par conséquent il convient de ne la jamais perdre de vue; mais l'ordonnance ne lui donne pas les résultats qui en sont les suites nécessaires.

J'ai eu déjà occasion de faire observer que la conception de la loi est ce qu'il y a de plus difficile dans les travaux de la législation : elle suppose une science profonde, une expérience consommée, et le génie qui met tout cela en œuvre, en y ajoutant

du sien. Il est certes beaucoup plus facile de juger
et d'améliorer une composition, de l'amender, de
la porter à sa perfection, que de l'imaginer. L'ordonnance de 1828 renverse donc les rôles, elle
donne la conception de la loi aux maîtres des requêtes, auxquels cependant on ne suppose nécessairement point une capacité aussi haute, aussi
étendue qu'aux conseillers d'État, et aux conseillers
d'État la tâche d'élaborer et de faire valoir les conceptions des maîtres des requêtes.

Il sera bon de remettre les choses dans leur ordre
naturel; d'écouter les observations judicieuses que
les maîtres des requêtes sont très capables de présenter sur un travail fait, et de réserver aux conseillers d'Etat le soin de l'imaginer et de le faire.
Les conseillers seuls présenteraient donc les projets
de loi et de réglement tant aux comités qu'à l'assemblée générale; seuls ils soutiendraient la discussion de leur ouvrage; eux seuls aussi accompagne-
raient les ministres chargés de porter les projets de
loi aux Chambres, fonctions auxquelles on associe
maintenant les maîtres des requêtes, par suite de
la confusion de fonctions de laquelle je viens de
parler.

A l'égard des rapports d'affaires purement administratives, l'ordonnance de 1828 a eu grande raison de les attribuer aux maîtres des requêtes. Elles
n'exigent pas, dans ceux qui les traitent, tout ce
qu'exige la mission de préparer des lois pour une
grande nation; mission qui est fort au-dessus d'une

capacité ordinaire. Le rapport des affaires administratives est la fonction propre et véritable des maîtres des requêtes. Leur destination naturelle est de débrouiller ces sortes d'affaires, et de mettre les conseillers en état d'y statuer. Toutefois, il peut se présenter des affaires si délicates, que le ministre croie utile d'en confier l'examen et l'instruction à un conseiller d'État : il faut lui en laisser la faculté. Mais ce n'est là qu'une exception.

§. II.

Les auditeurs peuvent être conservés, mais seulement comme auditeurs et pour leur instruction, sans les charger des rapports.

En l'an xi, le Premier Consul imagina d'appeler au Conseil quelques jeunes gens uniquement pour les mettre à portée de s'instruire, en les faisant assister aux discussions de l'assemblée générale et à celles des sections. Il les attacha tout à la fois à chacune des sections et au ministre correspondant, comme un moyen de communication : ils étaient chargés de prendre chez le ministre les renseignemens dont la section avait besoin sur les rapports et sur les projets ministériels à elle renvoyés par le Premier Consul, de lui transmettre ceux que de lui-même le ministre jugeait nécessaire de lui donner. Relativement à ces sections et aux ministres, c'étaient, si l'on peut se servir de cette expression, des aides-de-camp civils : à l'assemblée générale du Conseil et dans les séances des sections, c'étaient des stagiaires. Plus d'un qui a exercé ou qui exerce encore aujourd'hui avec distinction les fonctions les plus élevées, s'est formé à cette excellente école.

Leur nombre était fixé à seize, et on les avait choisis avec soin.

Mais après l'établissement du gouvernement impérial, cette institution reçut une grande extension, dévia de son but, et prit une tout autre forme.

Les campagnes de l'Empereur en furent la première cause. Napoléon voulait du milieu des camps gouverner lui-même la France, comme s'il eût été en repos au sein de la capitale. Il emmena donc avec lui son unique secrétaire d'État, par l'organe duquel il transmettait ses ordres officiels, exigea que les rapports des ministres lui fussent envoyés, et qu'on lui envoyât également les projets arrêtés au Conseil. Les auditeurs furent chargés de les lui porter. Il ne leur donnait que le temps nécessaire pour faire en toute diligence le voyage : à quelque distance qu'il fût, c'eût été un crime à eux de se reposer quelques heures en chemin. Souvent il retenait ces messagers et les envoyait administrer les provinces qu'il avait conquises, ou leur donnait d'autres missions de la même nature. Cette habitude s'est depuis étendue à des missions dans l'intérieur et même à des fonctions permanentes; de manière que tel qui était par exemple nommé sous-préfet, aurait pu être auditeur toute sa vie sans avoir jamais assisté à la séance du Conseil, et l'avoir une seule fois entendu discuter.

L'établissement de la commission du contentieux

est également venu agrandir l'institution des auditeurs : le décret du 11 juin 1806 les a constitués rapporteurs dans cette commission. De ce moment ils n'ont plus été placés près du Conseil uniquement pour s'instruire ; ils y ont eu des fonctions actives.

Enfin des vues politiques se sont mêlées à cette même institution. Vers la fin du consulat et surtout pendant toute la durée de l'empire, Napoléon, au lieu de tirer son illustration de lui-même, de son génie, de ses exploits, et sa force de celle de la nation, crut devoir s'entourer de ci-devant grands noms, et s'imagina de faire, des familles anciennement titrées, les appuis de son trône. Une telle méprise étonne dans un si grand homme, mais Napoléon y tomba. Il chercha donc à s'emparer des enfans de ces familles. Plusieurs allèrent au-devant de lui, et pour y amener celles qui montraient peu d'empressement ou dans lesquelles il soupçonnait de la répugnance, il envoya aux uns des brevets de sous-lieutenant, aux autres des brevets d'auditeur, quelquefois l'un et l'autre, leur laissant le choix, mais non la possibilité morale d'un refus.

Ces changemens successifs durent entraîner celui de la disposition qui bornait le nombre des auditeurs à seize. Ce nombre devint donc, par le fait, beaucoup plus considérable. Un dernier décret, auquel je n'ai eu aucunement part, et dont je suis encore à comprendre le système, l'éleva à trois cent soixante, et établit des classes qui achevèrent de dénaturer l'institution des auditeurs.

Les ordonnances postérieures ont maintenu les auditeurs, mais elles l'ont fait sans bien connaître cette institution, sans la combiner avec le système qu'elles établissaient.

Puisque les comités étaient placés sous la direction des ministres, on n'avait plus besoin des auditeurs pour les communications entre les ministres et les comités.

Il n'y aura plus de portefeuille à envoyer à l'armée, à présent que l'action du gouvernement est dans le ministère, que par conséquent il ne s'agit plus de renvoyer leurs rapports au Conseil d'État, que ce sont eux qui font au contraire délibérer le Conseil, eux qui s'approprient les projets ainsi délibérés, eux qui les soumettent au prince et qui reçoivent directement ses ordres. Si donc le Roi était jamais obligé de marcher à la tête de la nation pour repousser une agression injuste, il mènerait son ministère avec lui, ou il nommerait un lieutenant-général, qui au-dedans tiendrait sa place durant son absence. En tout cas, ce ne serait pas la peine de créer des auditeurs pour le cas de guerre, qui ne sera plus l'état habituel du pays, et qui, il faut l'espérer, ne se présentera de long-temps.

Je ne m'arrêterai pas sur la fausse manière dont Napoléon considérait les auditeurs sous le point de vue politique : on ne s'attache point les individus par la force, et quand on a lieu de soupçonner en eux un éloignement fomenté par l'orgueil et par des passions invétérées, la prudence conseille de les écarter de soi, non de les en rapprocher. Que sont d'ailleurs quelques familles auprès de la masse de la nation ? C'est la nation qu'il faut s'attacher, et pour y parvenir il ne faut que s'unir sincèrement à elle, s'identifier avec elle, n'avoir d'autre intérêt que le sien. Voilà ce que fait Louis-Philippe, et ce que son exemple et ses leçons apprendront à faire aux nombreux rejetons de sa noble race. (1)

On ne peut donc plus tirer des auditeurs les mêmes services que par le passé. Toutefois, comme ils ne coûtent plus rien, et que les délibérations de l'assemblée générale, où désormais les projets de loi et de réglement d'administration publique continueront d'être discutés, ainsi que celles des comités, sont une école excellente et dans laquelle des

____

(1) Je ne crois pas manquer à la discrétion ni au respect en produisant au grand jour une parole bien remarquable que Sa Majesté m'a fait l'honneur de me dire il y a déjà douze ans, mais qu'un siècle n'effacerait pas de mon souvenir. Il s'agissait de Napoléon : « Lorsqu'il se fit empereur, me dit M. le « duc d'Orléans, j'étais dans l'étranger. Bonaparte se perd, « pensai-je en moi-même : il était l'homme de la nation, la « force de la nation et la sienne étaient la même ; sa vanité l'a « égaré. Il n'a vu que l'illusion de devenir l'égal des souverains « de l'Europe : il n'a pas senti que, d'un côté, ceux-ci ne le « regarderaient jamais comme tel, tandis que de l'autre, il « faussait sa position envers la nation, et semblait par là même « répudier sa nationalité. » Le prince qui tenait à cette époque éloignée ce noble langage, le met en action aujourd'hui. Il sait allier, confondre deux qualités qu'il distinguait alors, et être tout à la fois le souverain et l'homme de la nation.

jeunes gens laborieux peuvent puiser une solide instruction, je ne verrais d'autre inconvénient à les conserver, si c'est un inconvénient, que celui de jeter quelque confusion dans les séances, en multipliant trop le nombre des assistans. Du reste ils seraient ramenés à leur institution primitive que leur titre d'auditeur rappelle.

Ce n'est pas cependant que je veuille les exclure de tout travail. Je ne leur refuse que celui qui suppose des hommes formés, et leur laisse celui qui convient à des hommes à former. En un mot, je ne leur ôte que les rapports, et il me paraît au contraire très utile que les membres des comités les chargent de faire des recherches, de prendre des renseignemens, d'instruire les affaires, pourvu qu'ensuite eux-mêmes les rapportent.

Section II.

Nomination des membres du Conseil.

On vient de voir de quelles personnes le Conseil d'État doit être composé; voyons maintenant comment ces personnes y seront admises.

§. Ier.

Il importe de supprimer sans réserve les conditions d'éligibilité exigées par l'ordonnance de 1824. — Le mérite doit être le seul titre nécessaire pour arriver au Conseil d'État.

Puisque le Conseil est un des moyens de gouverner et d'exercer la puissance royale, c'est une conséquence nécessaire que le choix de ses membres appartienne sans partage, sans influence étrangère, à celui qui s'en sert pour gouverner; que, dans ce choix comme dans celui des ministres, et en général de tous ceux que le prince emploie, rien au-dehors ne gêne sa confiance.

Mais pour qu'il ait à cet égard la plus entière liberté, il faut que lui-même ne se donne pas d'entrave, en s'imposant l'obligation de ne prendre les membres de son Conseil que dans certaines classes.

Il en a été ainsi depuis 1799, époque de la création du Conseil d'État, jusqu'à l'ordonnance du 26 août 1824, qui, on ne sait pourquoi, s'est avisée d'astreindre le monarque à ne choisir les conseillers d'État et les maîtres des requêtes que parmi ceux qui auraient exercé certaines fonctions.

Il est vrai que l'article 58 de la Constitution de l'an viii ne permettait au gouvernement d'élire ou de conserver pour conseillers d'État et pour ministres, que des citoyens dont les noms se trouvaient inscrits sur la liste nationale. Mais ce romanesque système des trois listes de notabilité n'a jamais été mis en action. On a présenté au Conseil projets sur projets pour l'organiser, et tous ces essais n'ont abouti qu'à démontrer qu'il était impraticable, et à le faire abandonner. (1)

____

(1) Les articles 7 et suivans de cette constitution voulaient que les citoyens de chaque arrondissement formassent une liste communale, où ils inscriraient le dixième d'entre eux; que ceux de cette liste formassent, également du dixième

Le premier Conseil d'État ne fut donc composé
que des citoyens qui, dans les diverses assemblées
législatives ou ailleurs, avaient acquis la véritable
notabilité, celle que donnent la science et les talens, et, à bien peu de mélange près, comme je
l'expliquerai dans un moment, cette première composition fut très forte. Elle réunissait les hommes
les plus distingués de toutes les parties. Mais, dans
la suite, elle fut prodigieusement altérée, parce que
Napoléon, **perdant** de vue le principe qu'il s'était
fait d'abord, de n'appeler au Conseil que les citoyens les plus capables, nomma, tantôt à titre de
récompense ou par faveur, tantôt dans des vues politiques, surtout pour s'attacher les pays conquis,
des personnes qui, fort recommandables d'ailleurs,
fort habiles dans leur patrie, étaient trop étran-
gères à notre législation, à notre révolution, à nos
mœurs, même à notre langue, pour remplir conve-
nablement leurs nouvelles fonctions. Le Conseil
finit par ne plus se ressembler à lui-même. Beaucoup de ceux qui y ont siégé, et même plusieurs
années, en sont sortis sans savoir ce que c'était.

---

d'entre eux, une liste départementale, et ceux de la liste départementale une liste nationale, toujours du dixième d'entre
eux. Tous les trois ans ces listes auraient été renouvelées. Il
n'aurait été permis d'élire ou de maintenir pour les fonctions
municipales que les citoyens portés et conservés sur la première, aux fonctions départementales que ceux de la seconde,
et aux fonctions nationales, parmi lesquelles se plaçaient celles
de conseillers d'État, que ceux de la troisième.

Vers la fin de l'empire, la tradition primitive était presque entièrement effacée. Il faut convenir aussi que les changemens successifs résultant de ceux qui se sont opérés dans la forme du gouvernement, n'avaient pas médiocrement contribué à l'obscurcir.

Mais lorsqu'un principe est utile et vrai, l'abus qu'on en a fait en le détournant de sa juste application, n'est pas une raison de le proscrire : il ne faut que le ramener à son usage naturel. Certes, le prince ne doit pas être empêché, par des conditions d'éligibilité, de faire asseoir dans son conseil quiconque est capable d'y apporter de grandes lumières, et de rendre d'éminens services.

Et voilà ce que les auteurs de l'ordonnance de 1824 n'avaient pas compris quand ils ont exigé que, pour venir, comme conseiller d'État, voter dans l'assemblée générale du Conseil sur des affaires contentieuses, les seules dont elle dût s'occuper à cette époque, et pour délibérer dans les comités sur des acceptions de legs faits aux hospices, sur la permission d'emprunter demandée par une commune, sur d'autres affaires d'intérêt privé, on fût revêtu des plus hautes dignités de l'État ; qu'on fût pair de France, député, ambassadeur, général d'armée, archevêque, évêque, grand-maître de l'Université, premier président ou procureur général d'une cour royale ; et que pour faire, comme maître des requêtes, des rapports sur les affaires de la même nature, on fût, ou l'on eût été pendant cinq ans, président, conseiller ou avocat général dans une cour,

colonel, capitaine de vaisseau, premier secrétaire
d'ambassade, consul général, maire d'une des grandes villes. Ainsi donc le génie le plus éminent,
Montesquieu lui-même, n'aurait pu être que maître
des requêtes, et Portalis n'aurait été rien, parce qu'il
n'était que l'un des hommes les plus profonds et l'un
de nos plus éloquens orateurs !

Qu'on n'objecte point que l'ordonnance de 1815
appelait les membres du Conseil à préparer, dans
leurs comités respectifs, les projets de loi et les réglemens d'administration.

Cette ordonnance ne disant pas qu'ils y seraient
délibérés nécessairement, et qu'ils ne pourraient
l'être ailleurs, on a presque toujours confié ces travaux à des commissions spéciales, en sorte que tous
ces ambassadeurs, ces généraux, ces présidens, en
un mot tous ces hauts fonctionnaires que l'ordonnance de 1815 avait seuls crus dignes d'être conseillers d'Etat ou maîtres des requêtes, se sont, dans
la réalité, trouvés réduits à juger des affaires contentieuses, et à expédier des affaires particulières d'administration, jusqu'à l'ordonnance de 1828, qui a
rendu, quoique imparfaitement, au Conseil d'État
son attribut essentiel.

Du reste, cette dernière ordonnance n'a abrogé
ces ridicules conditions d'éligibilité qu'à l'égard des
maîtres des requêtes. Peut-être n'a-t-elle laissé subsister cette sorte d'aristocratie à l'égard des conseillers d'État, que parce qu'elle s'est vue forcée de
payer tribut aux exigences de l'époque. Peut-être

même que ce sont ces exigences qui les ont introduites dans l'ordonnance de 1824.

Quoi qu'il en soit, on ne peut trop se hâter de les abolir, et de mettre à la place une disposition qui proclame que le prince est parfaitement libre dans la disposition de sa confiance, que la capacité est le seul titre dont il soit besoin pour l'obtenir.

On ne conçoit pas d'ailleurs comment le Roi se lierait lui-même par des règles dont il est toujours le maître de dispenser.

§. II.

Mode de nomination.

Reste à parler du mode de nomination.

Comment se fera la présentation? comment le Roi nommera-t-il?

Dans le chapitre suivant, j'établirai qu'encore que chaque fraction du Conseil soit à la disposition de son ministre particulier, il est cependant nécessaire que toutes se réunissent à un centre pour que le Conseil ait un ensemble; qu'en conséquence le Conseil ait un président, et que ce président soit ministre.

Naturellement, la présentation doit être faite par lui. Toutefois, parce que les autres ministres sous lesquels les membres nommés doivent travailler, ne peuvent demeurer indifférens aux choix, il me semble indispensable que le Roi nomme les candidats en conseil des ministres, afin que chacun des ministres puisse discuter ceux qui seront classés dans son conseil personnel.

§. III.

Relativement au Roi, le nombre des conseillers d'État et des maîtres des requêtes doit être illimité. — Il n'a besoin d'être fixé que relativement au budget.

Dans tous les réglemens relatifs au Conseil d'État, tant dans ceux qui ont précédé la restauration que dans ceux qui l'ont suivie, on a constamment fixé le nombre des conseillers d'État, des maîtres des requêtes et des auditeurs. Moi-même, dans le décret du 5 nivose an VIII, j'ai été encore plus loin, car j'ai déterminé un *minimum*.

Vis-à-vis de la puissance exécutrice, à laquelle le Conseil d'État appartient en entier, ces fixations sont absolument sans objet : se serait-elle liée par des règles qu'elle établit elle-même, auxquelles personne n'a le droit de la ramener, et qu'elle est toujours libre d'enfreindre, puisque la création, la composition, la constitution du Conseil d'État, dépendent entièrement d'elle, et qu'en conséquence elle est absolument libre de changer aujourd'hui ce qu'elle a établi hier ? D'ailleurs, il faut qu'elle se réserve d'augmenter le nombre des membres suivant les développemens et les besoins du service.

Mais il est un autre rapport sous lequel on ne peut s'empêcher de fixer un *maximum ;* c'est celui des dépenses. Le traitement des membres du Conseil doit figurer au budget : il est dès-lors indispen-

sable qu'on en détermine la somme par approxi-
mation. Ce n'est donc que sous ce rapport qu'il
convient d'en parler dans le réglement constitutif
du Conseil d'État.

Il me semble qu'avec quarante conseillers d'État
et soixante maîtres des requêtes, le service peut se
faire, et que par conséquent c'est sur ce nombre que
la demande de fonds doit être réglée.

Sous le consulat et sous l'empire, le traitement
fixe des conseillers d'État était de 25,000 fr., que
les gratifications annuelles accroissaient de beaucoup. Celui des maîtres des requêtes était de
5,000 fr.

La restauration a ajouté 1000 francs à ce dernier,
mais elle a réduit celui des conseillers d'État à
15,000 fr., l'égalant ainsi au traitement des membres de la Cour de Cassation et de la cour des
comptes.

Il serait difficile de le diminuer encore sans établir l'aristocratie des richesses. Si l'on veut mettre
sérieusement en action le principe que tous les citoyens peuvent arriver aux places auxquelles leur
mérite les rend propres, il ne faut pas fermer la
porte du Conseil à celui qui n'a d'autre richesse
que son mérite; il ne faut pas le réduire à se jeter
dans une de ces professions pour lesquelles il n'est
besoin d'autre science que celle de gagner de l'argent, et priver la patrie des services qu'il aurait pu
lui rendre au Conseil. Or, quinze mille francs ne
sont pas trop pour vivre, non assurément avec

luxe, mais du moins avec décence ; pour élever sa famille ; pour se ménager, par de sages économies, les moyens de l'établir et de la faire subsister très modestement après soi.

Au surplus, la disposition de l'ordonnance du 20 août dernier, qui classe dans le service extraordinaire tout membre du Conseil exerçant des fonctions quelconques hors du Conseil, disposition sur laquelle je reviendrai ailleurs, et que je suis très fort d'avis de maintenir, procurera une économie en ce qu'elle épargnera le traitement supplémentaire que l'ordonnance de 1828 accordait à ceux qui, revêtus d'autres fonctions, étaient néanmoins compris dans le service ordinaire.

Section III.

Division des membres du Conseil en service ordinaire et en service extraordinaire.

Voilà encore une institution que la restauration a changée.

Cette division a été établie par un arrêté des consuls du 7 fructidor an viii (septembre 1800).

Voici quel en fut l'objet :

Quelque soin qu'eût pris le Premier Consul à ne composer le Conseil d'État que des citoyens les plus distingués, il ne tarda pas à s'apercevoir que son choix était tombé sur deux personnes dont les talens ne le justifiaient point.

Comment réparer cette méprise? Le réglement du 5 nivose ne s'était point expliqué sur la révocabilité. Elle n'était venue à l'idée de personne. Tous les membres du Conseil étaient persuadés qu'ils ne cesseraient jamais de l'être.

Il fallait donc chercher un moyen d'introduire cette révocabilité oubliée dans le réglement constitutif, et ce fut à cet effet qu'on inventa la distinction du service ordinaire et extraordinaire, ainsi que la liste de trimestre.

Mais le service extraordinaire ne fut pas un vain mot. On ne tira jamais personne du service du Conseil sans lui donner réellement des fonctions hors du Conseil. A ce moyen la révocation n'était pas entière : elle se réduisait à changer de service.

On l'appliqua d'abord aux deux membres qu'on ne trouvait pas à leur place dans le Conseil. L'un d'eux fut envoyé administrer le département de la Roer; je ne me rappelle pas où l'on envoya le second, mais il est certain qu'il fut appelé à des fonctions.

Cependant, l'institution du service extraordinaire se développant peu à peu, on n'en fit plus seulement usage pour éloigner du service ordinaire ceux qui n'y étaient pas propres, on l'employa pour confier aux plus aptes, sans leur faire perdre leur titre de conseiller d'État, des fonctions ou des missions où l'on pensait qu'ils seraient encore plus utiles que dans le Conseil. Il arriva aussi que des conseillers d'État ne se trouvant pas assez rétribués avec un traitement de 25,000 fr., sollicitèrent et obtinrent des fonctions plus lucratives. La mise en service extraordinaire fut donc tantôt le voile de la défaveur, tantôt l'effet de la bienveillance ; mais, dans l'un et l'autre cas, elle fut toujours réelle.

La restauration maintint le service extraordinaire ; mais elle n'en fit pas nécessairement un service réel, car elle y plaça des membres du Conseil sans leur donner aucun service en dehors. Les circonstances où elle se trouva la déterminèrent à faire ce changement.

En effet, quoiqu'elle s'embarrassât peu de tenir la parole qu'elle avait donnée, de maintenir dans leurs fonctions les citoyens qu'elle trouva en place, elle n'osa d'abord porter les retranchemens trop loin. Elle avait bien des individus à placer ; mais encore ne pouvait-elle pas jeter dehors tous les conseillers , tous les maîtres des requêtes , pour faire place à ses vieux amis, et même à ceux qui l'étaient devenus tout à coup, et tous ces amis pourtant réclamaient avec instance , les uns des avantages réels, les autres, du moins quelque marque d'attention, quelque faveur. Beaucoup la pressaient de les colloquer dans le Conseil d'État.

On désirait les contenter : l'embarras était de trouver un expédient.

Il leur aurait fort convenu d'être classés dans le service ordinaire afin d'avoir un traitement. Mais ce service, dans ses plus larges dimensions, ne pouvait occuper tant de monde ; il aurait donc fallu créer trop de *sinécures*, trop multiplier les dépenses.

On songea au service extraordinaire, et l'on y jeta ceux qui, moins exigeans, ne portaient pas leur ambition au-delà d'un titre purement honorifique. C'était en faire une classe d'honoraires, puisqu'on ne leur donnait aucun service différent de celui du Conseil. Néanmoins, comme ils ne laissaient pas de conserver une sorte d'expectative d'être mis en activité, on créa en outre une classe d'honoraires pour enterrer les amis qu'on était décidé à n'employer plus jamais.

Ces deux systèmes me semblent devoir être combinés pour en tirer un système mixte.

Il est juste d'assurer aux membres du Conseil d'État une retraite honorable après de longs services. Autrefois ils la trouvaient dans le brevet à vie qui leur était expédié après cinq ans, et qui leur conservait le titre de conseiller, et leur attribuait, à titre de pension, le tiers de leur traitement lorsqu'ils n'étaient plus employés ni dans le Conseil ni hors du Conseil. Mais on arrive au même but en faisant du service extraordinaire un service réel pour les uns et une retraite pour les autres. Seulement alors l'institution des honoraires devient inutile, et cette superfétation doit être retranchée. Le placement en service extraordinaire en tient lieu.

Cependant, si le service extraordinaire peut être une retraite, il n'est plus toujours un service. On sauvera cette sorte de contradiction, si l'on décide que les membres du Conseil placés en retraite dans le service extraordinaire, pourront néanmoins être accidentellement appelés à l'assemblée générale du Conseil. Il est en effet telle occasion où l'on aurait tort de ne point mettre à profit leur expérience et leurs lumières : ne les consulter qu'accidentellement, et lorsque ces occasions se présentent, ce n'est point les remettre en activité.

On leur accorderait les mêmes honneurs qu'aux membres du Conseil en activité. Ils ne recevraient aucun traitement sur les fonds du Conseil, mais ils seraient inscrits au trésor public pour une pension égale aux deux cinquièmes du traitement d'activité, s'ils n'avaient pas d'ailleurs une pension au moins égale.

Ce service extraordinaire se composerait :

Des membres du Conseil qui, après le temps requis, demanderaient leur retraite, et de ceux que leur âge et leurs infirmités rendraient incapables du service actif;

De ceux qui, acceptant des fonctions quelconques au dehors, seraient, par cela même, retranchés du service ordinaire;

Des citoyens auxquels le Roi jugerait à propos de conférer le titre honorifique de conseiller d'État ou de maître des requêtes, pour récompenser des services rendus hors du Conseil.

La première de ces applications n'a pas besoin d'être justifiée.

Je ne m'arrêterai donc que sur les deux autres.

La restauration a emprunté de l'empire l'usage de mettre en service ordinaire ceux qui exercent d'autres fonctions hors du Conseil : ils assistaient aux délibérations de l'assemblée générale, c'est ce qu'on appelait le service *hors sections*. L'Empereur avait accordé cette faveur d'abord à M. Muraire, premier président à la Cour de Cassation, ensuite à M. Dubois, préfet de police, puis à quelques autres conseillers.

La restauration l'a beaucoup étendue. L'ordonnance du 20 août dernier vient de supprimer ce service, et avec grande raison. Le système, en effet, est essentiellement vicieux.

On a souvent attaqué le cumul des traitemens : je crois qu'on aurait mieux fait encore d'attaquer le cumul des places.

Il est en effet impossible d'en bien remplir deux à la fois si elles donnent des fonctions réelles. Un homme tel qu'il soit ne fera jamais bien qu'une chose : ce n'est pas trop de s'y dévouer tout entier. S'il veut exercer deux fonctions ensemble, il sera obligé de sacrifier l'une à l'autre; peut-être de les remplir très imparfaitement toutes les deux, ou il faudrait donc que l'une des deux ne l'occupât guère et ne fût qu'une espèce de sinécure.

Quant au placement en service extraordinaire des citoyens qui n'ont point passé par le service ordinaire, je le regarde comme un moyen de récompense qu'il est juste et utile que le Roi se réserve,

car il ne saurait avoir trop de moyens de récompenser, surtout quand les récompenses qu'il accorde
ne coûtent rien à l'Etat. Il aurait certainement pu
à ce titre mettre en activité dans le Conseil le citoyen
dont les services appellent une marque de satisfac-
tion : pourquoi ne pourrait-il pas lui accorder, en le
plaçant dans le service extraordinaire, un titre
d'honneur qui attesterait ses services.

SECTION IV.

*Révocabilité des membres du Conseil d'Etat. — Motifs
de conserver la disposition de l'ordonnance de 1828,
qui veut que la révocation ne puisse plus être pro-
noncée implicitement par la simple omission sur la liste
périodique, et qu'elle le soit toujours par une ordonnance
individuelle et spéciale. — Le classement des membres du
Conseil dans les divers comités et la mise en service ordinaire doivent s'effectuer aussi par ordonnance spéciale,
et en conséquence la liste périodique devient inutile et
doit être entièrement supprimée.*

Les membres du Conseil ne doivent pas être plus
irrévocables que les ministres : mais il est juste de
leur accorder une stabilité qu'ils n'avaient que par
le fait sous le consulat, sous l'empire et après la
restauration, jusqu'à l'ordonnance de 1828. Il suf-
fisait en effet d'omettre leurs noms dans l'un et
l'autre service pour leur faire perdre jusqu'à leur
titre. Ils n'étaient donc assurés de leur état, quelque longs et utiles que fussent les services qu'ils
avaient rendus, que pour trois mois, avant la res-

tauration, parce que la liste était alors trimestrielle, et pour un an, depuis l'ordonnance de 1815, qui l'a rendue annuelle.

Napoléon a rarement fait usage de ce moyen de révocation tacite : on n'en a que deux exemples sous le consulat, et un seul sous l'empire, celui de M. Malouet, qui fut retranché de la liste pour avoir défendu M. Voyer-d'Argenson, préfet d'Anvers. Mais comme alors il n'y avait jamais de disgrâce complète, l'Empereur accorda à M. Malouet une pension de 10,000 francs, que celui-ci, quoique sans fortune, ne voulut point accepter.

Les choses se sont passées bien autrement depuis la restauration, surtout dans les dernières années. L'esprit de parti s'est emparé de ce mode facile de destitution, et l'on sait comment il s'en est servi.

Il a de plus adopté l'usage de demi-révocations, qu'il opérait également au moyen de la liste, en plaçant dans le service extraordinaire, sans leur donner de fonctions, ceux qu'il voulait paralyser sans les révoquer positivement.

Pour remédier à ces abus, et donner plus de consistance aux membres du Conseil, le réglement du 5 novembre 1828 décida qu'aucun ne pourrait être mis en inactivité ou retranché du service extraordinaire, autrement que par une ordonnance spéciale, rendue sur le rapport du ministre.

Cette sage disposition est bonne à conserver : elle donne au droit de révocation toute sa latitude, et prévient néanmoins la légèreté et les surprises. Il est bien facile de tromper le Roi en lui présentant une liste contenant des retranchemens ou des déplacemens qu'il lui est presque impossible de remarquer; mais quand on est obligé d'appeler son attention sur ceux qu'on veut révoquer ou déplacer, et de lui exposer les motifs de ces changemens, il les pèse dans sa sagesse, et ne les admet qu'autant qu'ils sont véritablement commandés par l'intérêt de son service, et non réprouvés par l'équité.

La suppression de la liste périodique est la conséquence naturelle de ce système : dès que chacun est nommé par une ordonnance spéciale, et ne peut plus être révoqué ni changé de service que de la même manière, la liste annuelle devient inutile sous ce rapport.

On objectera qu'elle doit subsister sous celui du classement en comités, qu'elle est également destinée à faire.

A mon avis, ce classement ne doit pas être fait par elle, mais par l'ordonnance même qui nomme chaque membre; et il doit aussi n'être changé que par une ordonnance individuelle et spéciale.

Quand le Roi nomme un conseiller d'État ou un maître des requêtes, c'est toujours parce qu'il sait que ce citoyen a des connaissances dans telle ou telle partie, et par conséquent pour lui donner telle ou telle destination. Le motif qui fait choisir celui-ci est qu'on le connaît pour savant légiste. La réputation d'homme habile dans l'art de l'administration ou dans les affaires de finance détermine la nomination de cet autre. Par conséquent chacun, au moment même de sa nomination, a sa destination particulière, celle à laquelle il est propre. Pourquoi donc ne la fixerait-on pas d'abord par l'ordonnance qui le nomme? Pourquoi serait-elle fixée de nouveau tous les trois mois ou tous les ans? Est-ce que, dans ce laps de temps, le légiste cessera de posséder la science des lois, et sera devenu administrateur ou financier? Est-ce que l'administrateur ou le financier seront devenus légistes? La stabilité de la destination doit donc être la règle. S'il survient des raisons pour la changer, ce ne peut être qu'à l'égard de quelques uns, et dès-lors par exception. Or ces exceptions, qui sans doute seront rares, seront mieux faites par des ordonnances spéciales que par voie de révision générale et périodique, comme si elles devaient inévitablement devenir chaque année nécessaires.

La liste périodique est donc inutile, sous quelque point de vue qu'on l'envisage. Elle ne fait qu'embarrasser le système, c'est une superfluité à retrancher.

CHAPITRE III.

Organisation du Conseil d'État.

Cette organisation comprend trois choses : la présidence du Conseil, la distribution de ses membres en comités, leur réunion en assemblée générale.

Section première.

Il est nécessaire de donner un président au Conseil du gouvernement, et ce président doit être l'un des ministres.

Il est impossible que l'assemblée générale du Conseil ne soit pas, comme toute assemblée, présidée par quelqu'un.

Par qui le sera-t-elle?

Sous le consulat et sous l'empire, cette présidence était réservée au chef du gouvernement, et, quand il se faisait remplacer, ce ne pouvait être, sous le consulat, que par l'un des deux autres consuls; sous l'empire, par l'un des grands dignitaires. On sait que, pendant les quinze ans qu'a duré le Conseil, cette fonction a été constamment remplie par Cambacérès, d'abord comme consul, et ensuite comme archichancelier de l'empire, jamais par un président de section, ni par un autre membre du Conseil. (1)

A présent que le Conseil d'État est, relativement

---

(1) On ne s'est écarté de cette règle qu'au commencement et vers la fin des cent jours : au commencement, pour faire rendre au Conseil la fameuse déclaration du 24 mars 1814, parce que tous les membres devaient la signer comme individus, et non la faire en corps; vers la fin, et après la bataille de Waterloo, parce que l'empire n'existant plus de fait, il n'y avait aucun intérêt à maintenir ses institutions. Napoléon, en l'absence de l'archichancelier, obligé d'aller présider la Cham-

aux ministres, dans le même rapport qu'il était autrefois vis-à-vis du chef du gouvernement (1), l'analogie semble conduire naturellement à n'attribuer la présidence de l'assemblée qu'à un ministre. Dans cette vue, l'ordonnance de 1815 l'avait donnée au président du conseil des ministres, et, à son défaut, au garde des sceaux. L'ordonnance de 1824 a ajouté qu'à défaut du garde des sceaux, elle passerait aux autres ministres dans l'ordre de leurs ministères. L'ordonnance de 1828 n'a point dérogé à ces dispositions. Enfin l'ordonnance du 20 août vient d'attribuer la présidence au ministre de l'instruction publique et des cultes.

Mais est-il bien nécessaire de la réserver exclusivement à un seul? Pourquoi ne ferait-on pas présider chaque séance par le ministre duquel émane le projet qui doit y être discuté?

Il faudrait donc que plusieurs ministres se succédassent au fauteuil; car très souvent l'assemblée s'occupera successivement de projets émanés de plusieurs ministres.

Toutefois ce ne serait là qu'une bigarrure : il y a des inconvéniens plus réels.

D'abord, le ministre de qui viendrait le projet aurait déjà présidé le comité où il a été préparé. Il

---

bre des Pairs, fit présider le Conseil par M. Regnaud (de Saint-Jean-d'Angely); mais cela n'eut lieu que pour une seule séance.

(1) Voyez ci-dessus, page 2.

arriverait par conséquent avec une opinion définitivement arrêtée, et à laquelle, par la persuasion qu'elle est la seule vraie, il s'attacherait fortement. Il serait de plus soutenu par les membres de son comité, qui la partageraient. Si vous lui confiez par-delà le pouvoir de diriger la délibération, vous lui donnez trop d'influence, et vous perdez en grande partie l'avantage de faire juger le système présenté, par des magistrats dégagés de toute préoccupation, qui l'apprécient comme l'apprécierait la portion éclairée du public.

Quoique cet inconvénient soit réel, il en est néanmoins un autre beaucoup plus grave.

En effet, on restreindrait trop les fonctions de président si on les bornait à la présidence de l'assemblée générale. Bien que le Conseil ne soit ni un corps, ni une autorité dans l'État, mais un simple instrument dans la main du gouvernement, il faut pourtant qu'il forme un tout et qu'il ait un ensemble, que ses diverses parties aient de l'homogénéité. Si ses fractions demeurent sans lien entre elles, si elles subsistent isolément, on n'a plus de conseil de gouvernement, mais autant de conseils particuliers qu'il existe de comités, formant chacun un tout, un conseil de législation, un conseil de l'intérieur, un conseil des finances, etc.

Il est donc indispensable de donner au Conseil un centre où viennent aboutir ses divers rayons, et qui en devienne le lien. Le Conseil n'existe pas seulement dans son assemblée générale, il existe aussi hors de là : il y a hors de là une direction générale, des présentations de candidats à faire, des ordres à donner, une surveillance à avoir, une administration à conduire, des dépenses à ordonnancer. Si ces fonctions sont dispersées, la marche du Conseil sera embarrassée, les tiraillemens deviendront inévitables.

Mais auquel des ministres attribuera-t-on la présidence du Conseil ainsi conçue?

De sa nature, le Conseil entier ne se range pas plus dans les attributions d'un ministre que dans celles d'un autre : puisqu'il est le Conseil du gouvernement, il ne peut appartenir à aucun ministère particulier. Rien ne s'oppose donc à ce que le Roi en confie la présidence à celui de ses ministres qu'il lui plaira. Ce sera, au surplus, une attribution distincte et séparée de celles qui sont propres à ce ministre, une attribution ajoutée, et qui ne se confondra point avec les attributions de son département.

On aura à pourvoir aussi, en cas d'empêchement, au remplacement momentané de ce ministre dans la présidence de l'assemblée générale. Autrefois, quand le consul ou, en son absence, le grand dignitaire délégué par le chef du gouvernement pour présider habituellement l'assemblée du Conseil, ne le pouvait pas, le Premier Consul ou l'Empereur en commettait momentanément un autre. A mon avis, ce mode de remplacement est le plus convenable. Pourquoi le prince ne nommerait-il pas le remplaçant par une délégation spéciale, comme il a nommé le remplacé par une délégation générale? On ne comprend pas ce qu'a voulu l'ordonnance de 1815 quand elle a réglé l'ordre des remplacemens sur l'ordre des ministères. Tous les ministères sont égaux. On les classe dans le tableau l'un après l'autre parce qu'il est impossible de les nommer tous à la fois, mais non pour différencier leurs rangs, ni établir entre le premier et le dernier nommé aucune infériorité ni aucune suprématie.

Section II.

Division des membres du Conseil en comités.

Je n'ai plus rien à dire sur les fonctions communes à tous les comités. Je m'en suis expliqué ailleurs (1). On a vu qu'elles consistent en deux choses : la préparation des projets de loi et de réglement, qui doivent être délibérés en assemblée générale; la confection et la délibération définitive des projets relatifs à des affaires purement admi. nistratives, qui ne sont pas destinés à être soumis à cette assemblée.

C'est donc uniquement du matériel et des fonctions particulières de chaque comité qu'il me reste à parler.

Et d'abord, en combien de comités partagera-t-on les membres du Conseil?

L'ordonnance de 1828, qu'on suit encore, en

____

(1) Voyez ci-dessus , deuxième partie, page 11 et suiv.

crée quatre; un comité de justice et du contentieux, un de la guerre et de la marine, un de l'intérieur et du commerce, un des finances.

Il est inutile de redire que le comité du contentieux doit disparaître, ou plutôt être converti en cour de justice administrative, et le comité de législation prendre sa place. (1)

Le comité des finances et celui de l'intérieur ne peuvent manquer d'être conservés.

Je désirerais seulement que les affaires de l'instruction publique et des cultes ne fussent plus, sous aucun rapport, mêlées avec celles de ce dernier comité. Puisque l'instruction publique et les cultes forment aujourd'hui un département, il est naturel que le ministre qui se trouve à la tête de ce département ait un comité ou un conseil à lui. Il est vrai que le conseil de l'université en fait partie, mais il l'est également que l'instruction publique occupe aussi le Conseil d'État, ne fût-ce qu'à raison des lois et des réglemens qui s'y rapportent, et dont le conseil de l'université, qu'ils sont destinés à régir, ne doit pas demeurer l'arbitre suprême.

J'ignore si le département de la guerre et celui de la marine ont besoin, dans l'état actuel des choses, chacun d'un comité particulier, ou s'il est préférable de maintenir la disposition de l'ordonnance de 1828, qui les réunit, malgré la différence des deux départemens. Mais je sais qu'après les premiers temps du

_____

(1) Voyez ci-dessus, page 45.

consulat, où l'on a porté ou fait les lois et les réglemens de la marine et des colonies, la section de la
marine a été très peu occupée. Je la rétablirais
cependant, mais en la composant d'un très petit
nombre de membres.

Il est inutile d'entrer dans le détail des attributions de chaque comité; elles sont nécessairement
les mêmes que celles du ministre duquel le comité
dépend.

J'observerai seulement qu'il y a des matières
mixtes où la réunion de deux comités devient nécessaire. Par exemple, il est plus d'un projet de
finances où pourraient se glisser des dispositions
qui, sans que l'intérêt public l'exigeât, blesseraient
les droits que la loi civile assure aux citoyens. Il
peut de même se rencontrer dans les lois civiles des
dispositions qui sacrifient mal à propos l'intérêt du
trésor à des intérêts privés. Dans ces cas et dans
d'autres semblables, il est indispensable de mettre
les deux comités de finance et de législation en présence, afin qu'ils se concilient et qu'ils décident
lequel des deux intérêts doit l'emporter. Ce sont là
des choses qu'il faut laisser à la prudence et à l'équité
de chaque ministre.

Toutefois j'estime que, pour les lois et les projets
de réglement qui regardent la législation commerciale, la réunion du comité de législation et du
comité de l'intérieur ne peut manquer d'être de droit.
Le comité de l'intérieur a l'administration du commerce, mais les lois qui établissent le droit excep-

tionnel du commerce, et qui règlent les engagemens commerciaux, rentrent dans le domaine du comité de législation, puisqu'elles ne sont que modificatives du droit commun. Le Code de Commerce montra quel est l'inconvénient d'abandonner la rédaction des lois de cette espèce au comité chargé de l'administration du commerce, c'est-à-dire de lui procurer ses développemens et sa prospérité. Certes, si ce Code eût été rédigé par la section de législation de l'ancien Conseil d'État, il ne serait pas aussi vicieux qu'il l'est. Aussi les procès-verbaux des discussions nous montrent-ils cette section très fréquemment en opposition avec la section de l'intérieur, et présentant sans cesse des contre-projets. Il est même certaines matières du Code qu'il a fallu lui abandonner en entier. Néanmoins comme le comité de législation ne doit pas connaître aussi bien que le comité de l'intérieur les usages et les besoins du commerce, il serait à craindre, si on le chargeait seul de la législation commerciale, qu'il ne blessât quelquefois ses usages salutaires, et ne sacrifiât les besoins du commerce à la rigidité du droit civil.

J'en dis autant des lois et des réglemens relatifs aux cultes, particulièrement de la vérification des bulles, et en général des actes des autres cultes qui ont une existence légale dans l'État. Il est bon que le comité de l'instruction publique et des cultes les provoque, mais il est également utile que le comité de législation, dépositaire et conservateur des principes du droit public et privé, voie s'ils ne blessent pas les lois du royaume ou les libertés de l'Église gallicane.

Section III.

De l'Assemblée générale du Conseil.

J'ai à peu près épuisé cette matière dans ce que j'ai dit précédemment : les fonctions de l'assemblée, sa composition, la présidence, tout cela a été expliqué. La tenue et le travail des séances, sont les seules choses sur lesquelles il soit encore besoin de s'arrêter un moment.

Sous le consulat et sous l'empire il y avait des assemblées périodiques et des assemblées extraordinairement convoquées.

Cet usage me paraît devoir être maintenu. La périodicité, en assignant des jours fixes, donne à tous les membres du Conseil, et surtout aux ministres, plus de facilités pour régler la distribution de leur temps, et il faudrait que les comités fissent bien peu de travail s'ils ne fournissaient matière suffisante pour une assemblée par semaine. Il y a tout au contraire lieu de croire qu'une assemblée unique ne suffira pas toujours, et qu'à certaines époques on sera forcé de convoquer des assemblées extraordinaires, par exemple pour délibérer sur les amendemens les plus importans qu'auraient proposés les Chambres.

Sous le consulat et sous l'empire, les projets de loi et de réglement étaient imprimés et distribués aux seuls membres du Conseil qui devaient en délibérer, et auxquels il était en même temps ordonné de les tenir secrets. Cette précaution est indispensable, car on ne saurait saisir l'ensemble ni les détails d'un projet sur la seule lecture, et sans avoir la faculté de les réfléchir dans le silence du cabinet.

Je propose d'établir, indépendamment de l'assemblée générale, un comité central ou une assemblée du Conseil au petit pied.

Cette institution serait absolument nouvelle, mais elle me paraît extrêmement utile pour le cas où il s'agirait d'une affaire que le ministre jugerait à propos de faire délibérer par le Conseil; car il ne s'agit pas de soumettre au comité central des projets de loi ni des réglemens d'administration publique. Il peut arriver qu'un comité ne partage pas l'opinion de son ministre, et que le ministre, ébranlé par les observations de ce comité, doute à son tour de son opinion, sans être bien convaincu qu'il doit l'abandonner. Dans cet état de perplexité il voudra avoir l'avis du Conseil. Cependant l'affaire ne sera pas de nature à exiger une réunion aussi nombreuse; or, on l'évitera, et néanmoins le ministre aura atteint son but, si l'on permet de former une assemblée composée d'un ou de deux membres de chaque comité.

Maintenant, que deviendront les projets délibérés en assemblée générale?

Autrefois ils étaient présentés au Premier Consul

ou à l'Empereur par le secrétaire général du Conseil d'État.

Cette disposition du réglement du 5 nivose an VIII se conciliait très bien avec la forme du gouvernement d'alors, où le Conseil d'État était un intermédiaire entre les ministres et le Consul ou l'Empereur, où les projets délibérés au Conseil n'appartenaient point au ministre qui les avait provoqués, et pour l'ordinaire n'étaient pas rédigés par lui. Elle ne conviendrait nullement au système actuel, qui exclut tout intermédiaire entre le Roi et ses ministres, et où le Conseil d'État ne doit être qu'un instrument dans la main de ces derniers, comme il l'était autrefois dans la main du chef du gouvernement.

Mais il est facile de la modifier conformément à l'état des choses. Puisque le Conseil est à présent, vis-à-vis des ministres, dans le même rapport qu'il était jadis avec le souverain; cette analogie conduit naturellement à décider que le secrétaire général, au lieu de porter au Roi les projets arrêtés dans l'assemblée générale, les transmettra respectivement aux ministres par lesquels ils auront été conçus. Ces ministres, après les avoir revus en la même manière que faisait l'Empereur, les présenteront ensuite au Roi s'ils le jugent convenable.

CHAPITRE IV et dernier.

Un dernier mot sur la constitution définitive du Conseil d'État, pour servir de conclusion à cet écrit.

Pour embrasser dans son entier la matière, il m'a fallu descendre dans les détails qu'on vient de lire, sur la composition et sur l'organisation du Conseil d'État. Mais ce n'est point là l'objet direct de cet écrit. Je me suis avant tout proposé de détromper ceux qui, prenant les attributions secondaires et accessoires du Conseil pour son attribut essentiel, et son attribut essentiel pour une attribution purement accessoire et secondaire, ne le voient que tel que l'ordonnance de 1815 l'avait fait, tel qu'il a effectivement été jusqu'à l'ordonnance de 1828, c'est-à-dire pendant treize ans; s'imaginent qu'il existe principalement pour statuer sur le contentieux de l'administration et pour expédier les affaires administratives; ne regardent sa coopération à la confection des lois et des réglemens d'administration publique que comme purement facultative et accidentelle; promènent cette attribution de commission spéciale en commission spéciale; dépouillent ainsi le Conseil de son caractère propre de Conseil du gouvernement; le réduisent à n'être qu'une juridiction, qu'un tribunal de justice administrative; ne lui accordent la qualité de Conseil du gouvernement que dans ses comités et seulement pour l'expédition des affaires particulières d'administration, quoique cette attribution n'en soit qu'un effet accessoire, purement arbitraire, et qu'on pourrait en détacher sans ruiner cette qualité.

On a d'autant plus lieu de s'étonner de ce que cette erreur est encore généralement répandue, qu'elle appartient à un système qui n'existe plus, à celui de l'ordonnance de 1815, que l'ordonnance du 5 novembre 1828, sous laquelle nous vivons, a renversé, en restituant à l'assemblée générale du Conseil son concours nécessaire à la préparation des projets de loi et de réglement d'administration publique, et par conséquent, le vrai caractère de Conseil du gouvernement. Mais cette ordonnance est si récente, qu'elle n'a pas encore pu détruire une erreur à laquelle un laps de treize années avait fait jeter de profondes racines.

Que demandé-je donc ?

Que nous restions comme nous sommes ; que nous demeurions dans les termes de l'ordonnance de 1828, qui actuellement nous régit, et que nous ne retournions pas au système destructif de l'institution du Conseil que cette ordonnance a proscrit; que la nation et les Chambres aient la garantie que les projets de loi ne seront plus improvisés avec légèreté, par la précipitation, l'irréflexion, l'inexpérience, l'esprit de système, et que l'important travail de la conception ne sera pas non plus abandonné à des commissions éphémères ; qu'il sera, au contraire, réservé à un corps permanent de magis-

trats choisis parmi les citoyens les plus distingués
par leur science, leur expérience, leur génie; qui
possèdent les traditions, qui embrassent l'ensemble
de la législation, où tout se tient, et en conservent
l'harmonie; qui, bien instruits du positif sans en
être esclaves, ne sacrifient pas l'expérience à de
décevantes théories, et pas non plus la raison à un
respect superstitieux pour des institutions antiques,
mais qui écartent impitoyablement tout ce que ré-
prouvent les principes du gouvernement et les
mœurs du temps où ils vivent; y plient tout ce qui,
essayé par l'expérience, peut s'y ajuster; qui, fidèles
à suivre le progrès des lumières, y puisent le com-
plément du passé; qui ne réforment qu'avec discrétion et ne créent qu'avec maturité et prudence;
qui, enfin, oubliant ce qu'ils ont parcouru de la
carrière, et bien convaincus que la vie de l'homme
ne suffit point pour en atteindre le bout, poussent
incessamment leurs études, et, comme le législa-
teur d'Athènes, vieillissent en s'instruisant. Il faut
encore autre chose que de l'esprit naturel, plus
que des talens littéraires, pour être un sage légis-
lateur.

Cependant, lorsque je propose de maintenir le
système de l'ordonnance de 1828, ce n'est qu'en
ce qu'elle rétablit le Conseil dans son attribution
essentielle. Je suis, au contraire, convaincu qu'il
faut aller plus loin qu'elle, sous le rapport des
attributions secondaires : non que je veuille rien
changer au mode d'expédier les affaires de pure

administration, mais seulement retrancher, des attributions accessoires du Conseil, les conflits, les mises en jugement, les appels comme d'abus, et surtout le contentieux de l'administration. Il est monstrueux que les citoyens aient leur partie adverse pour juge, et qu'ils soient privés de la garantie que leur assurent, dans tous les autres tribunaux, l'indépendance de magistrats inamovibles et placés hors de toute influence, la publicité des débats, la solennité des jugemens.

FIN.

DE L'IMPRIMERIE DE CRAPELET,
rue de Vaugirard, n° 9.

www.ingramcontent.com/pod-product-compliance
Lightning Source LLC
LaVergne TN
LVHW021730170726
843503LV00004B/1483